五日市憲法

新井勝紘
Katsuhiro Arai

岩波新書
1716

はじめに

東京の西部に位置する五日市という町に、「開かずの蔵」と呼ばれる朽ちかけた土蔵があった。一九六八年、当時まだ二十代だった私は、その薄暗い土蔵の中でたまたま一つの文書を手にした。それが、この地域の自由民権運動から生み出された「五日市憲法草案」である。起草者の千葉卓三郎(ちばたくさぶろう)とはいったい誰なのか。なぜこの地域で、このような憲法草案が誕生したのか。その歴史の水脈をさぐる、私の探索の旅が始まった。それは予想をはるかに超える長大かつ深い大河となったが、同時に私自身の人生の轍とも重なった。気がつくと半世紀もの歳月が流れていた。

歴史を学ぶ一学徒にとって、その史料との出会いは人生を決定づける出会いとなったが、調査と探索に費やした時間は、歴史研究の醍醐味を味わうにはあまりあるものだった。この間、埋もれていたこの史料は、歴史的・社会的評価をうけ、研究史上にも刻印されるようになった。史料は文化財に、土蔵は史跡に、条文は憲法碑になった。五日市憲法は中学・高校の歴史教科書に記載され、映画、演劇、歌、漫画の題材にもなった。私はこれまで何十回となく史料の発見された土蔵を案内してきたが、昨今はさながら「語り部」のようだと自覚している。見学会、歩く会、フィールドワーク、歴史ツアーや、市民目線での「五憲の会」の活動など、五日市憲法はいまや市民たちの歴史的財産となりつつあるのを感じる。

　民権ナル者ハ果シテ欧米ノ新輸入物ニシテ、我国ニ於テハ古来一片ノ種子ダモ無キカ

これは、明治の民権思想家、植木枝盛（えもり）による文章である。五日市の若きリーダー深沢権八（ふかさわごんぱち）は、この文章をメモに丁寧に書き留めていた。自分たちの運動のルーツをさかのぼると、どこに行き当たるのか。権八は自由民権運動の水脈を自国の民衆史に探り当てていたのだろう。古来、わが国でも民権の種子は播かれてきた。だからこそ、今こうやって運動が実を結んでいるのだ。けっして欧米の真似事ではないぞ。そういう強い自負と誇りが感じられる。

民衆が主人公の歴史は、時間とともに忘れ去られ、埋もれるのは必然である。だが本書では、その歴史の水脈を、非力ながら私なりに掘り起こしてみようと思う。五日市憲法というものを通して、現代にも通じる自由民権の歴史の水脈を、一人でも多くの人に感じていただければと願うばかりである。

目　次

目　次

第一章　「開かずの蔵」からの発見

第一節　明治百年と色川ゼミ

一九六八年

筆者が歴史研究の道に足を踏み入れた東京経済大学は、ゼミナールは学部三年次と四年次の二年間で、希望のゼミに入るためには、二年次の時にゼミ試験をうけなければならなかった。私が希望したのは一般教養の日本史を担当していた色川(いろかわ)大吉教授のゼミで、わずか五人しか採らないというゼミであり、それなりの競争率があった。就職の条件が良い経済の専門をどうして取らなかったのかと父親には言われたが、一九六五年、私は一年次にすでに、このゼミで学びたいと思っていたので迷いはなかった。

同年四月、色川教授が最初の講義で、今年の講義からこの本を教科書にして授業を行うと言い、『明治精神史』を示したことを記憶している。教授の処女作である『明治精神史』は出版されたばかりで、教授も四十代だったこともあって、その一年間の講義には、思いきりの力が入っていたのではないかと思う。私はすっかりこの講義に魅せられ、歴史研究の面白さを初めて学んだ気がした。

三年次の一九六七年にゼミに入ったが、その年は「近代について」「戦争観について」「民主主義」「さまざまな明治百年」と、いくつかのテーマで議論しながら、近代史の基礎を学んだ。翌六八年には明治から百年を迎えるということで、すでに明治百年論争の前哨戦が始まっていた。政府主導で大々的に進められようとしていた「明治百年祭」に対し、その政治的な大きな潮流に流されないような抗体を、私たちは果たして持っているのか。さらにいえば、自分なりに評価を下せる力を備えているのか。日本の近代百年をどのように評価するかは、私たちのような駆け出しの歴史学徒にも問われていた問題だったのである。

バラ色論との対峙

一九六八年（昭和四三年）の年頭記者会見で、時の佐藤栄作首相は次のような所信を表明した。

ことしの一番大きい政治的行事は、明治百年記念事業だ。（中略）この百年間のすばらしい歩みは外国も認めている。物質文明、精神文明で西欧に追いつき、追い越そうとしただけでなく、百年前の人たちは世界的な観点に立ってものを考え、発信した。また、百年前の人々の国家意識が強かった点にも心打たれる。私は『勝海舟自伝』に教えられるところが大きいが、福沢諭吉の『学問のすゝめ』にもはっきり出ている。福沢のいう「独立自尊」とは、自分自身で自らを支配し、他人にたよらないことだ。「独立の気力なきものは国を思うこと深切ならず」という言葉は、いまでも哲学的なものが通じてえらいと思う。（中略）「自らの手で国を守る」とは、海舟、諭吉先生に通じるものがあると思う。（中略）社会的、国家的、民族的な連帯感が高揚されなければ、民族は発展しない。

佐藤首相はこのように強調し、一国の首相として、また政府として「明治百年」をどのように迎えようとしているかを示した。

一九六八年という年は、種々の歴史学会で明治百年論争が展開された年である。首相の言うように明治維新以来の今日までの百年を、一つの連続した歴史的時代としてとらえて賛美する歴史観は「バラ色論」ともいわれた。それに対して、明治以来、アジア諸国を戦地にして突き進んできた侵略戦争の歴史を刻んだ百年に目をつぶるものだとの批判が高まった。日本という国は、本当にそのような「バラ色」の歴史を刻んできたのかという根本的な問いである。

一八六八年以来の百年をどのようにとらえたらよいのか。多くの雑誌が「明治百年」の特集を組んで議論が沸騰していた。私が所属した日本近代史専攻のゼミにも、そしてちょうどその年に最終学年を迎えていた私たちにとっても、それは避けて通れない問題であった。「百年のうちの、一九四五年までの四分の三の歴史を振り返ってみろ。日本はどれだけ戦争を繰り返してきたか。小さな事変なども入れれば、六、七年に一度は戦争してきた国ではないか。そんな国の百年の歴史が、国を挙げて祝うような歴史であるとはとても思えない」。教授の言葉がぐさりと胸に刺さった。

このような年に卒論を書く私たちは、どのような研究活動をしたらよいのか。ゼミではまず、そこから議論することになった。そして、ゼミの先輩である一期生、二期生たちが取り組んで一つの大きな成果を挙げた地域の歴史調査を、自分たちも引き継ごうという結論になった。地域の歴史調査に焦点を据えて百年を見たら何が見えるか。それもできれば、土蔵調査に挑戦してみたいという要望を出した。幸い、色川ゼミでは、その年の活動内容はゼミ生らで決めることができた。要望どおり、テーマは地域の歴史調査となった。

開かずの蔵

ひと口に地域の歴史調査といっても、そのとき、私たちには何をどうするかの目算も計画もなかった。教授からは、「君たちのやる気が本物なら、交渉してみてもいい」と返事をもらった。「候補が実は三家あるんだ」とも言われた。前々から交渉してきていたが、なかなか承諾が得られない旧家が、五日市と八王子と神奈川県厚木にあるという。第一の候補は五日市の深沢家だが、教授がこれまでに数度交渉してきたものの調査は実現していなかった。この家の土蔵は「開かずの蔵」と呼ばれ、これまで誰も調査したことがないという話だった。

深沢家のご当主である深沢誠一氏が前年の六七年に亡くなられ、ご当主が代わられたという。新ご当主の深沢一彦(かずひこ)氏は、都立立川短期大学（現在は首都大学東京に統合）の教員をしておられ、学生のゼミ調査という要望に理解を示してくれるのではないかと教授は言った。期待が大いにふくらんだ記憶がある。

しかし、事はそう順調には進まなかった。教授の最初の交渉ではまたしても断られた。深沢先生の話では、その蔵には「めったに入ったことがないし、それにガラクタしかないですよ。学生さんたちをつれて調査するほどの蔵ではないです」とのことだった。旧家の土蔵に他人を入れて中を調査させることが、その家の方にとってどれだけハードルが高いものであるか、私たち学生には理解が及んでいなかった。恥ずかしい話である。

この返事を受けて簡単に諦めていたら、今頃どうなっていただろうか。私は今でも時折そう思う。もう一度お願いしてみようとなったのは、ゼミで事前に読んでいた『利光鶴松翁(としみつつるまつ)手記』という本にあった記述が思い起こされたからである。この手記には、当時、深沢家は東京で発刊された書籍を悉(ことごと)く購求していたという記述があった。もし火災や盗難等に遭っていなければ、その蔵書類がそっくり残っているのではないか、という淡い期待が私たちの胸にあった。「何もなくてもいい。何もないことだけでも確かめられれば」との思いを教授に伝えたところ、私たちの本気を理解してくれたのであろう、再度交渉してみると言ってくれた。その結果、夏休みならば深沢先生も立ち会うことができるので、「土蔵に入るのは八月に」ということになった。

第二節　自由民権の村・五日市

『利光鶴松翁手記』

土蔵調査に先立って、教授から私たちに読んでおくべき文献が示されていた。そのひとつが『利光鶴松翁手記』だった。一九五七年、小田急電鉄株式会社が創立三〇周年の記念に非売品として刊行した、創業者・利光鶴松の自伝である。

利光鶴松は大分県大分郡稙田(わさだ)村(現大分市)の出身で、一八八四年(明治一七年)二月、叔父の利光品吉とともに上京した。同年八月、八王子警察署に職を得た叔父の住む神奈川県八王子町(現東京都)に赴き、叔父宅に居候していた。同年九月、その叔父が五日市署に転勤となり、そのまま叔父の後に付いて行ったのが、利光と五日市との縁の始まりである。利光は八六年三月まで足かけ三年ほど五日市で暮らし、公立小学校である勧能(かんのう)学校の教師をしながら、五日市の人々と交流していた。

折しも、五日市町では自由民権運動の学習運動が盛り上がっていた頃である。手記には、利光が五日市でどのような思想的影響を受けたのかが詳細に記されている。五日市での生活体験がなければ、今の自分はなかっただろう。後に衆議院議員、企業人、法律家など、いくつかの顔をもつことになる利光だが、自分の原点は五日市にあると言い切っている。

> 境遇の人を感化する力は実に偉大なり。予にして若しも当時、大隈伯の書生となり、早稲田に学びたりとせば果して如何。或は改進党となりしやも計られず。福沢先生の食客となり、三田にて人となりしとせば果して如何。或は始めより実業界に入り、全然政治家とならずして身を終わりしやも知る可(べか)らず。伊藤、井上、山県、黒田、西郷〔従道(つぐみち)〕、松方等の藩閥に養われたりと仮定せよ。加藤弘之、外山正一氏等に救われたりと仮定せよ。有名の僧侶、有名の神官に拾われたりと仮定せよ。予は遂に官吏となり、文学者となり、神官、僧侶となりたるやも未だ知る可らず。然るに叔父、品吉に従いて五日市に流寓(りゅうぐう)せし為め、其感化を受けて自由党員となりたるは、奇縁と言うべし

大隈重信の書生や福沢諭吉の食客になっていたら、今ごろ自分はどうしていただろうか。あるいは、伊藤博文や山県有朋ら藩閥人の指導をうけていたらどうだろうか。東京大学の初代総理の加藤弘之や外山正一に救援をうけていたらどうだったろうか。あるいは、有名な僧侶や神

官などに拾われていたらどうだったろうか。おそらく今の自分はないだろう。叔父が赴任した五日市に付いて行ったからこそその出会いがあり、そこで強く感化されたからこそ自由党員になり、政治家になった。利光はそれを「奇縁」と言っている。

勧能学校

利光が五日市で出会ったのは、地元の人たちばかりでなく、全国から来遊してきた多くの逸材であった。自由党副総裁となる中島信行、三多摩自由民権運動の最高指導者・石阪昌孝、その他多くの血気盛んな民権家たちである。手記の中に現れる来遊の有志は多彩で、山野熊太(福岡)、窪田久米(愛知)、長坂喜作(山梨)、加藤宗七(福島)、伊東道友(宮城)などのほか、小笠原省三、市原直次、北村文徳、高坂松壽、佐藤惣松、長谷小一郎、安東幸太郎、奈良雲峰、鈴木立三郎らの名前がある。五日市での三年間は、「常に以上の有志と交わり、政治的感化」を受けていたと利光は述懐している。入れ代わり立ち代わりやってきた、こうした人物たちとの交流はさぞ刺激的だったにちがいない。

利光の記憶は鮮明で、思い起こしながらの記述にもかかわらず、当時の五日市の状況を活写している。一八七二年(明治五年)の学制施行によって、全国各村に小学校が開校していた。利光が教員を務めた勧能学校は、五日市をはじめ、周辺四か村を学区とする一八七三年(明治六年）創立の小学校であった。ところが、その実態は「公立小学なれども実際は、全国浪人引受所」というもので、「町村の公費を以て多くの浪人を養」うような有様だったという。「県の学務課より差向けたる正当の教員は、片端よりいじめて追い出し、県に於ても止むを得ず放任」せざるをえなかったというように、まさに浪人壮士の巣窟となっていた。正式な経緯で赴任してきた教員にとって、なんと居心地が悪い学校だったろう。

そこに集まる教員たちの生活も共同にして、月給も有志たちの寄付金と合わせてまとめ、あちこちから「雲集し来れる浪人壮士の接待費に」あてていたという。利光に言わせれば、まさに「共産主義が実行」されていたような学校であった。後年の回顧であるので、表現が多少誇張されているとしても、果たしてこのような学校が実在したのかと思うほどの実態である。実際にどのような教育が行われていたのか、指導や教育の内容については十分に明らかになっていないが、県の指導とは異なる独自な教育が行われたことは想像に難くない。

この頃、すでに二二歳になっていた利光であったが、この学校の教員生活は強烈な体験になったようである。それというのも「五日市町を始め、その附近一帯の村々は、皆悉く自由党を以て堅め、五日市町長の馬場勘左衛門、同町の大富豪内山安兵衛、深沢村の深澤権八（ごんぱち）、戸倉村の大上田彦左衛門、留原村の佐藤蔵太郎等、何れも皆、自由党の錚々たる首領株にて、其村内には曽て一人の反対党員の存在を許さ」なかったという、〝自由民権村〟だからこそありえた学校だったからである。

深沢家の蔵書

利光が勧能学校に在職していた当時、自由民権運動の中核を担っていたのが自由党である。ところが、当時の自由党は、明治政府の言論弾圧をうけて、「言論文章を以て藩閥政府を倒すことは望」みなく、「国家を救うは唯革命の一途あるのみ」という状況に追い込まれていた。福島事件、喜多方事件をはじめ、いわゆる「激化事件」を次々と起こし、勧能学校からも、加波山事件や大阪事件に関わり捕縛された教員が続々と出ていた。実際、利光自身も参加を求められて、苦しんだ経験もあったという。

利光をして自由主義唱導への道に進ませたのは、ルソー、スペンサー、ベンサム、ミル等の著書であった。「昼と言わず、夜と言わず、寸暇あれば読書」を怠らず、「政治、経済、哲学に関する諸種の翻訳書は片端より大抵之を読了し、其要旨は悉く抜粋して保存した」というほど読み耽っていたという。

しかし、薄給の利光が、それらの本をどこで手に入れていたのであろうか。回顧はまだ続く。「深澤権八氏は五日市地方の豪農にて、頗る篤学の人なり、凡そ東京にて出版する新刊の書籍は、悉く之を購求して書庫に蔵し居たり」。しかもその深沢権八氏は、蔵書を人々に開放し、

「好むに任せて、之を読むの絶対自由を与え」ていた。読書欲旺盛な利光にとって、これは願ってもないことであったろう。「予は読むべき書籍には、曽て不自由を感じたることなし」だったという。政治の道に進んだ利光の原点、ここにありである。利光が教師を離職してさらにステップアップするため、「法律学を研究して代言人［弁護士］となる」ことを決めて再度上京し、明治法律学校に入学したのも首肯できる。

土蔵の扉を開く前に読んだ『利光鶴松翁手記』は、このように示唆に富む文献であった。私たちが調査しようとしている土蔵は、当時東京で発刊された書籍を悉く購入していたという深沢家の土蔵にほかならない。もし利光の手記の記述どおりであったとしたら、この土蔵の中には、利光らがむさぼり読んだ書籍が眠っている可能性がある。母屋は昭和の初めに移築されていたが、幸い土蔵は火災や戦災にも遭わず残っていた。しかも、誰もその内部を調査した形跡がない「開かずの蔵」として残っていた。私たちのなかで調査への期待が大いに膨らんだ。

第三節　憲法草案との出会い

いよいよ土蔵の中へ

土蔵調査は、深沢家のご当主も立ち会える夏休み、一九六八年八月二七日（火曜日）に実施することになった。その日、天気は小雨が降るような状況であまりよくなかった。国鉄の五日市線(現JR五日市線)の終点の武蔵五日市駅で下車して、一〇人ほどの学生が土蔵まで徒歩で向かったが、舗装もされていない細い砂利道を小一時間も歩く距離だった。

二〇分も歩くと、次第に緑が深くなり、小さな川の道沿いにある民家もまばらになってきた。東京とは思えない、いかにも山村という景観である。途中、誰一人すれ違う人もなく、私たちの会話も途切れがちになった。このさびしい一本道の行き止まり近いところの土蔵に、果たして何が残っているのだろうか。この期に及んで不安が増してきた。道すがら、そんな思いで歩いた記憶がある。参加したゼミ生のほとんども同じ思いだったに違いない。

午前一〇時近く、深沢家屋敷跡に到着した。入り口には立派な山門があり、高台の屋敷跡につながる道には古い石垣がそのまま残っていた。屋敷跡に上がると右手に一棟の白い土蔵が見えた。その入り口の扉の周辺は、かなり傷んでおり、土壁の中身がみえるほど崩れた状態だった。屋根は覆屋の上に檜皮(ひわだ)葺きの屋根がかかっていたが、一部は傷んでおり、ところどころに夏草が生えていた。

そして、いよいよ土蔵の調査を開始することになるのだが、教授は土蔵調査の「七つ道具」ででもあるのだろうか、手袋やマスクをつけ、着替えも始めているではないか。私たち学生は誰ひとり着替えなど持参した者はいなかった。土蔵の中がどうなっているか想像がつかなかっ

五日市憲法草案が発見された深沢家土蔵．1968 年当時．正面の黒い服は私

たこともある。しかし、いま思うと、何十年も人が入ったことのない蔵の内部の状況を考えれば、教授の着替えは当然のことだった。

ご当主の深沢一彦さんが持参した鍵は、土蔵の建築年代と重なる、いかにもというものだった。その古めかしい自在鍵をどう使うのかさえ、私たちには興味の対象であった。まず、分厚い土壁の重い扉を開けることから始まったが、その重さは尋常ではなく、一人で開けるのはかなりきつい。やっと開いた扉の奥に、さらに二重の扉がある。それを開けるところで自在鍵の出番となった。

鍵穴に入れるのは容易だったが、そこからはコツが必要で、持ち主の深沢さんでさえ、すんなり行かなかった記憶がある。私たちはジッとそばで見ているしかなかったが、そのシーンはいまも目に焼き付いている。次に三番目となる木製の扉が出てきて、それを開けてようやく土蔵の中に空気と光が射し込んだ。気がつくと結構な時間が経過していた。土蔵の厳重さを思い知った次第である。

さて、それからようやく調査開始となるわけだが、そこで教授の指示の声が響いた。何十年も誰も入ったことがない蔵なので、中に何がいるかわからない。今日は薬剤（ＤＤＴか？）を持ってきたので、それを最初に入った者が中で撒いてこい、とのことであった。

誰が行くのか。みんなで顔を見合わせたが、全員でジャンケンして負けた人が白い粉を撒くことになった。負けたゼミ生は手ぬぐいでほおかぶりのスタイルで蔵内に入り、土蔵内のあちこちに薬を散布した。しばらく土蔵前で待機してから、ネズミやそのほかの生き物がおとなしくなった頃を見計らって、「いよいよ突入」である。私たちは薄暗い土蔵の中におもむろに入って行った。初めての土蔵調査は、こんな具合に始まった。

知らずに草案を手に取る

土蔵の内部は灯りもなく、懐中電灯を照らしながらの調査になった。内部は一階だけでなく二階があった。最初に一階部分から見始めたが、私たちが目指す文書や蔵書らしきものは見当たらない。林業の道具のほか、江戸時代以来の名主の家ならではの、大勢の人寄せ時に使うような一人膳や染付茶碗、徳利などが多数保存されていた。そこで一階をあきらめて、今度は二階に上がってみることになった。

かなり急な階段を上がってみると、すぐ右に観音開きの窓があった。内側から押し開けてみると、その辺りをねぐらにしていたのか、バタバタッという異様な音をさせてコウモリが飛び立ち、びっくりしてたじろいだ。その開いた窓から外の光が入り、内部が少し見やすくなった。ご当主の深沢さんが、近所の家からコードを一本長く引いてくれて、裸電球一つがやっと点いた。

そんななかで、左右にある積み上がった多くの箱ものの調査を始めた。箪笥はもちろん、大小の長持ちなど、衣装が収納されているのかと思って開けてみると、そのほとんどは文書や蔵書類がぎっしり詰まっていた。本番がいよいよ始まる。私の中で緊張感が高まった。

ほの暗い土蔵の中で、それぞれ自分のエリアを決め、文書類を手に取りはじめた。私自身は誰の指示を受けたわけでもなく、自然の流れで二階の左奥あたりに陣取ることになった。そこは顔をあげれば、屈曲したいかにも古く頑丈そうな太い梁が見え、土壁が崩れ落ちそうな外観とは異なり、時代を感じさせる頑強な構造をしっかり見せていた。

私はしばらくその周辺を見ていたが、たまたま近くにある小さな弁当箱ほどの竹製の箱に気づき、何気なくそれを手にした。大事な資料を入れておく文箱(ふばこ)というものだったろう。蓋をあけてみると、古めいた風呂敷包みが出てきたので、何の躊躇(ためらい)もなく、その結び目をほどいて中身を取り出そうとしたところ、布製の風呂敷が経年変化で紙のようにボロボロと崩れ、元の形にもどらなくなってしまった。これにはたいそう慌てた。しかし、そこで止めるわけにもいかず、崩れるままに全部開けてみることにしたのである。

「日本帝国憲法」って何だ?

その風呂敷包みの中身は、一群の文書史料であった。最初に目にしたのは「学芸講談会規則」と印刷された史料である。続いて、その下から「五日市学術討論会概則」が現れた。これが自由民権結社と呼ばれる学習結社の規則であることは、すぐにわかった。五日市にもこうした結社があるだろうことは、これまでの研究で推測できたが、その名称や活動内容などは、ほとんど判明していない。「結社の新しい史料が出てきたぞ」と、その場で近くのゼミ生に声をかけた記憶がある。

一群の史料は結社の規則だけで終わらなかった。一番下に和紙を綴った墨書史料があった。表に「日本帝国憲法」と記してある。「日本帝国憲法って何だ?・」。聞いたこともない名前に、私は戸惑った。綴りを手にすると、ところどころ虫食い箇所がある。ごくごく薄い和紙なので、てっきり大日本帝国憲法の「大」の文字が虫にでも食われてしまったのだろうと思った。おおかた、日本で初めて発布された憲法に興味をもった人が、その条文を一字一字書き写したものではないか。土蔵独特の臭いが漂う、薄暗い二階の一隅で、私はそんなふうに考えた。ところが、それはまさに、私が「五日市憲法」に初めて対面した瞬間だったのである。

ドラマティックな場面を期待してなのか、「史料を発見したときの話を聞かせてほしい」と今でもよく頼まれる。しかし、このような具合に、私にとってそれは「驚きの新発見」という瞬間ではまるでなかった。今からすると、なぜもう少しましな判断ができなかったかと思うが仕方がない。そのときの私には、こういう単純で平凡な考えしか思い浮かばなかったのである。むしろ私は、この一群の史料の中では、結社の規則の方が大いに気になっていた。「これこそ新発見史料である」という認識であったし、これで五日市地域の自由民権運動の実態がつかめるのではないか、という期待を持った。

雨が降っていることもあって、予定の四時半より前に調査終了の声がした。教授からは、次の指示が飛んだ。「今日の調査はこれで終わるが、君らそれぞれが見た史料で、面白い史料、あるいは貴重な史料と思われるものについて、いま、深沢さんに了解していただいたので、それを宿舎に持ち帰って検討することにしよう」。私は、あの風呂敷包みから出てきた一群の史料をまとめて持ち帰ることにした。風呂敷はもう原型に戻らなかった。

日本帝国憲法
第一篇　国帝
第一章　帝位相續
第二章　摂政官
第三章　国帝権理
第二篇　公法
第一章　国民権理
第三篇　立法権
第一章　民撰議院
第二章　元老議院
第三章　国會権任
第四章　国会開閉
第五章　国憲改正
第四篇　行政権
第五篇　司法権

五日市憲法草案の一枚目(目次)

急転直下のテーマ変更

宿舎に戻り、夕食のあと、「持ち帰った史料について、それぞれが報告するように」との指示があり、四年生の五人全員が今日の調査を報告することになった。もちろん、私は学芸講談会や学術討論会に関する「新発見史料」の報告を優先した。そして、「これらの史料の下に、和紙二四枚綴りで「日本帝国憲法」と筆書きされた史料がありました。おそらく大日本帝国憲法の写しではないかと思います」と、最後に付け足しのように報告した。

全員の報告を聞いた後、教授から最後通達のような指示があった。

「いま聞いた報告で、深沢家土蔵から出てきた今日の史料がいかに貴重なものであったかがわかった。これで明治前期のこの地域の自由民権運動の実態がかなりつかめるのではないかと思う。そこで提案だが、君らの今年の卒論のことだ。三年生のときから一年ほど取り組んできて、この一二月にはまとめて提出しなければならないが、いま、君らが報告した史料で卒論をまとめてみないか。その方が良い論文になるのではないかと私は思う」

思ってもみない教授からの提案に、私たち全員が戸惑った。それではまったく白紙の状態から卒論に取り組み直すことになる。一二月の提出日まで、あと四か月弱しかない。とても間に合わないのではないか。そういう不安が胸の中をよぎった。教授の言葉は命令調ではなかったが、私たちが躊躇している様子を見て、さらに重ねて、決定的とも思える言葉が返ってきた。
「これまで君らが取り組んできた卒論研究の内容だけれど、実のところ、あまりオリジナルなものはないと見ている。いまあれを捨てても、少しも惜しくはないのではないか」

同期生五人のそれぞれのテーマは、斎藤博美「福田英子と明治の女性」、足立原譲「加波山事件とその人物」、荒川尚人「田中正造と鉱毒事件」、斎藤至孝「乃木希典」、新井勝紘「近代教育のあゆみ」であった。このテーマで、みなそれぞれ一生懸命に取り組んできていた。「捨てても惜しくない」とまで言われてしまうと、なんとも複雑な気持ちであった。しかし、教授は続けてこのように語った。

「今日君らが見た史料は、これまで深沢家の家人以外、誰も見たことがなく、世の中に初めて出てきた史料といえる。報告のように大変興味ある史料が出てきたわけなので、解読と分析、さらに研究を少しでもすすめ、この史料の歴史的価値を見出すことができれば、大変オリジナルな卒論になるだろう」

このひと言で、とどめを刺された。私たちは背中を一気に押され、全員が深沢家文書を核にした新しいテーマに取り組むことになったのである。こうなってはもう迷っていられない。脇目も振らず、まっしぐらに直進しないと間に合わない時期でのテーマ変更であった。

そうなると、私は何をテーマにするかを考えなければならなくなった。そこで、同じ包みの

土蔵から文書史料を取り出す．1968年

中から出てきた学芸講談会や学術討論会の規約や規則をもとに、五日市の民権運動を具体的に明らかにすることが第一と考えた。しかし、「大日本帝国憲法の写し」も捨てがたいものがある。きちんと整然とした文字で記され、恭しく上等な和紙に綴られている。史料の冒頭に記された聞いたこともない人物「陸陽仙台千葉卓三郎」の名前もなぜか気になった。

躊躇している間はない。教授からの強いサジェッションもある。ともかく、この史料を追究してみようと気持ちが傾いた。結社の活動にも関わる史料であると推測できたので、学芸講談会などの史料とともに分析すれば、五日市の民権運動そのものも追究できるだろう。「これまで誰も見たことがない、まったくの新史料である」と熱く語る教授の言葉に私の心は揺さぶられ、「ならば挑戦してやろう」という気持ちが湧き上がった。

この日は、私の卒論テーマが「五日市憲法」の研究になった運命的な日となった。その時点では、自分の手にした史料が完全オリジナルの憲法草案であるとは夢にも想像しなかった。そして、まさかそのあと五〇年も「五日市憲法」の研究を続けることになるとは、このときの私には知るよしもなかったのである。

第四節　憲法草案を読み解く

墨書史料の状態

深沢家の土蔵から見つかったのは、縦二三・三センチ、横三二センチのごく薄い和紙(薄葉紙)二四枚綴りの文書であった。それは竹製の箱の中の風呂敷包みに二つ折りの状態で発見された。綴じをはずして一枚一枚にしてみると、少し空気が動いただけでめくれてしまうほど、ごくごく薄い紙である。こうした古文書をよく食べる白い小さな虫(紙魚)などの虫食い箇所も何か所かあり、食べつくされて文字そのものが読めなくなっているところもあった。年数がもっと経過してから発見されたとしたら、さらに虫損箇所が拡大し、条文そのものを復元できなくなっていたかもしれない。

墨書史料はその後、国立歴史民俗博物館・江戸東京博物館の「自由民権運動から生まれた私擬憲法」展で展示することが企画され、五日市郷土館と町田市立自由民権資料館にも声をかけて、四館共同で複製制作に取り組むことになる。長年にわたる保存状況の問題を解決するためには、抜本的な文書の修復が必要であった。その修復成功にいたる過程には、また別の物語が生まれるほどのエピソードが様々ある。

憲法草案発見から二十数年後になる一九九〇年代初頭、私はいくつかの工房に修復を依頼した。結局、どの工房からも断られたのだが、そこで当時、最後の望みという思いで、デンマークの王立アカデミー文化財修復技術学院で最先端の修復技術を学んでこられ、東京都青梅市に「東京修復保存センター」を開いていた坂本勇氏に相談した。坂本さんとはその後、何度も話し合いを重ね、かなり難しい修復が必要であることがわかった。坂本さんは慎重かつ果敢に挑んでくれて、複製制作のための虫食い箇所の裏打ちとともに、困難な修復に成功した。憲法草案の現状は、そうして修復と裏打ちをほどこしたこともあって、現在の寸法は発見時よりも縦一・〇センチ、横一・八センチほど大きくなっている。

話が少し逸れた。時間をふたたび五〇年前に巻き戻そう。土蔵から見つかった草案の綴りだが、見ると表には「日本帝国憲法」と墨書で記されている。明治の自由民権期に書かれた憲法草案、いわゆる私擬憲法であろうことは、精査するうちにわかってきた。文字は筆書きで、平明方直な文字できちんと浄書されている。おそらく草稿のようなものがあって、それを浄書したものと思われる。

本文の一行目には、起草者の名前なのであろうか、「陸陽仙台　千葉卓三郎草」との署名があった。「千葉卓三郎」とは何者なのか？　その疑問がまず私の頭をよぎったが、それよりも前に史料を読むことが先決であった。千葉卓三郎を探索する私の旅が始まるのは、まだ少し先のことである。

どれとも一致しない！

教授からの示唆を受けて私が最初に取りかかったのは、自由民権期に各地の結社を中心に起草された、いわゆる「私擬憲法」との照合確認の作業である。当時作成が終わっていた既存の私擬憲法を借り受けて書写したものではないか。そういう推測があったからである。政府によるものでないことは、大日本帝国憲法ならば「臣民」と表現するところを「国民」と表現する、この憲法草案の相違点からすぐに判明した。それでは、複数ある「私擬憲法」の中から、いったいどの憲法草案を写し取ったのだろうか。これが最初の問いであった。

幸いなことに、土蔵調査の前年（一九六七年）に、明治憲法制定以前に起草された憲法草案を集録した史料集として、家永三郎らによる『明治前期の憲法構想』が刊行されており、四三篇が収録されていた。個人起草が二三篇で最も多く、次が結社の一一篇、政府機関三篇、ジャーナリスト三篇、起草者不明三篇である。

作業はまず、五日市で入手できる可能性のある草案は何かを考えつつ、結社の草案と一つ一つ丁寧に照合していくことであった。深沢家の土蔵の中からは立志社規則の写しも確認されていたので、立志社、共存同衆、交詢社などを推測し、一条一条照合していくことにした。その次に、永田一二、植木枝盛などの個人起草のものとの照合に移った。一か月ほどかかって、四三篇すべてと照合した結果、私たちの当初の推測を裏切るかのように、史料集に掲載されている草案に一致するものはないと判明した。

同じものはなかったと、照合結果をゼミで報告したところ、では、この憲法草案はいったい何なのか、という疑問に戻り、調査はまったくの振り出しに戻ってしまった。教授からは、「ひょっとしたら、まったく新しい草案ではないだろうか」との発言があり、再度、詳細な調査検討が迫られた。

幻の草案が発見される

既存の草案を写し取ったものでなければ、まったくのオリジナルではないのか。じつは、他の憲法草案と照合する過程で、私のなかでは「国民の権利規定に力点がおかれているな」という印象が芽生えていた。他の草案には見られない条文もあるように思われた。しかし、それはあくまで私自身の印象にすぎない。全体の条数、構成、内容に加え、この草案と他の草案との異同など、実証的な分析研究の作業を行わなければならなかった。当然ながら、いよいよ自分自身の力量が問われる流れになっていった。卒論提出までに残された時間は多くない。初めからわかってはいたが、いざその場に身を置くことになって、焦りと不安を感じてきた。

そもそもこの草案には各条文に条数が付されていない。したがって、全部で何条あるかすらわからない。そこで全体の条文の数をまず確定しなければならなかった。それには、一条一条、私自身が写し取りつつ判別するしかない。しかし、史料の原物は一点だけであり、学内で見る時間はどうしても限られてくる。最後の手段として、自宅に史料を持ち帰って作業させてほしいとの要望を出した。いくつかの注意事項はあったが、幸いにも借用が許可された。その後の展開でもしばしば体験することになるが、このような周囲の寛容さが私の研究を後押ししてくれた。今ではなかなか難しいことである。

一方、私の調査と同時併行に、研究室の先輩である副手の江井秀雄氏の調査研究も進んでいた。そして、土蔵から一緒に見つかった標題のない草案が、それまで長い間未確認だった「嚶鳴社(おうめいしゃ)憲法草案」であることが明らかにされた。

嚶鳴社は、一八七七年(明治一〇年)、司法省の元官吏である沼間守一(ぬまもりかず)らが東京に設立した政治結社である。一八七九年(明治一二年)頃、全国の結社に先駆け、末広重恭(しげやす)(鉄腸)、金子堅太郎、島田三郎らによって起草された憲法草案は、「その条文は伝わっておらず、わずかに植木枝盛の手稿にノートされている篇名によって、その輪郭のみを知ることができるにすぎない」(前掲『明治前期の憲法構想』の解説)とされた。

イギリス式の二院制・議院内閣制を採用していたという嚶鳴社草案は、研究者によって種々の推測がなされてきたものの未発見であった。その全文が同じ土蔵から見つかったのである。この新発見が、手詰まり状態に陥りかけていた私の調査に、打開の道を拓いてくれることになる。

なぜ同じ土蔵の中に?

幻の草案と見られていた嚶鳴社草案が、なぜ深沢家の土蔵にあったのか。仮説として、「日本帝国憲法」起草の際に参考としたことが考えられた。まったく白紙の状態で憲法を起草するのは、かなり高度な法知識が必要になるだろう。起草者とみられる「千葉卓三郎」なる人物の法知識がどれだけのものであるかは、その時点ではまだ不明だった。下敷きとした別の草案があると考えた方が理解しやすかった。

深沢家文書を再度見直したところ、次の書簡が出てきた。一八八〇年(明治一三年)一二月一三日付、嚶鳴社社員の野村本之助より、五日市の土屋勘兵衛に宛てたものである。

> 謹啓、陳（のぶれ）ハ過日、府中駅ニ於テ御約束仕置候（つかまつりおきそうろう）、憲法草案壱通、拝呈仕リ候間、正ニ御領手被下度（くだされたく）候、匆々（そうそう）敬白

「先日、府中で約束した憲法草案一通の件、承りました。入手できたのでそちらに拝呈いたします。どうぞ受け取ってください」という意味だろう。

同年一二月五日、神奈川県北多摩郡府中の称名寺で嚶鳴社社員の野村本之助と肥塚龍を招聘して、聴衆三百名を集めた一大演説会が開催された。そのときに五日市から神奈川県会議員の土屋勘兵衛がわざわざ参加して、講師の野村に嚶鳴社草案の入手を依頼したのだと考えられる。その約束どおり、一週間後に野村から印刷された草案が送られてきた。土屋が千葉に依頼されたのかどうかまではわからないが、ともかく、一八八〇年一二月には、土屋から深沢へ、さらに千葉へと嚶鳴社草案が手渡されていたのではないか。それが最終的に深沢家の土蔵の中で保管されていたのだろう。

嚶鳴社草案は、国会期成同盟の「ハの第四報」という番号の本部報に掲載されていたことは確実とされる。しかし、この第四報は未発見である。嚶鳴社草案が国会期成同盟の本部報に掲載されていたとすれば、国会期成同盟に関わる全国の民権家たちの目にふれたことは想像に難くない。のちになって、第五・六報に一部掲載の草案が、嚶鳴社草案であることが判明する。

また、本部報の「ハの第八報」には、「今後各国憲法の華を抜き、順次御報申す」として、その第一回として「葡萄牙憲法」の第一四五条にある「国民の政権民権を侵害すべからざること」について王国建国法が紹介されていた。

本部報は、憲法起草に取り組む人々にとって、貴重な情報源になっていたと考えられる。五日市の起草メンバーで、この本部報を見た者がいたかどうかは確認できないが、本部報に憲法草案が掲載されているとの情報はなんらかのかたちで伝わったのではないだろうか。そこで、なんとしてもこれを入手したくて、野村本之助に依頼したものと思われる。

嚶鳴社草案との比較検討

江井副手の発見を受けて、私の作業は「日本帝国憲法」と嚶鳴社草案との逐条にわたる比較検討に進んだ。嚶鳴社草案は最後まで完成していなかったようだが、五日市での起草時には恰好の参考資料になったに違いない。左の表は、「日本帝国憲法(五日市憲法)」が嚶鳴社草案をどれだけ参考にしたのかを、詳細に逐条比較しながら作成した表である。

この比較から見ると、まったくの同文は一一条で全体の五%である。語句の言いかえなど、一部修正した条文は四二条で、全体の二〇%に当たる。一方、大幅に修正したり、新しい語句を補充したものは全部で五〇条あり、全体の二五%を占める。残る一〇一条は嚶鳴社草案に該当する条文が見当たらない。この一〇一条は「日本帝国憲法」独自の条文といえ、それが全体の約五〇%を占めることがわかった。

その一〇一条を草案の構成から分類してみると、「第二篇　公法」のなかの「国民の権利」

嚶鳴社草案と五日市憲法草案の逐条比較による集計結果

五日市草案（篇）	（章）	全く同文	一部分修正	大幅修正補充	嚶鳴社草案には該当条文なし	計
国帝	帝位相続	一	七	〇	二	一〇
	摂政官	〇	五	一	一	七
	国帝の権利	〇	二	一一	一一	二四
公法	国民の権利	〇	〇	一一	二五	三六
立法権	民撰議院	〇	九	五	五	一九
	元老議院	〇	〇	六	五	一一
	国会の職権	一	三	五	二三	三二
	国会の開閉	〇	六	二	一	九
	国憲の改正	二	六	〇	〇	八
行政権		七	四	二	〇	一三
司法権		〇	〇	七	二八	三五
計		一一	四二	五〇	一〇一	二〇四

規定に二五条、「第三篇　立法権」のなかの「国会の職権」規定に二三条、「第五篇　司法権」の規定に二八条となる。残る「第一篇　国帝」では「帝位相続」二条、「摂政官」一条、「国帝の権利」一一条、立法権では「民撰議院」五条、「元老議院」五条、「国会の開閉」一条、行政権の規定には独自条文はなしという結果であった。

この結果を見てわかるように、「日本帝国憲法」は嚶鳴社草案を参考にしてはいるが、「国民の権利」「国会の職権」「司法権」の三つだけで草案全体の三分の一以上になる、七六条のオリジナルな条文が起草されていたことになる。この草案がどこに力点を置いているかは一目瞭然であった。とりわけ、「国民の権利」と「司法権」の章には、同文や一部修正などの条文は一条もない。国民の権利を憲法がどう守るか、とくに三権の一つである司法によっていかに守るかを重視した憲法草案であることがわかったのである。

では、草案にはどのような条文が記されていたのか。次章ではそれをみていこう。

第二章　五日市憲法とは何か

草案の概要

この章では「日本帝国憲法」草案の概要を見ていく。なお、草案の原綴りには「日本帝国憲法」と記されているが、ここからは通称に従って「五日市憲法」と呼ぶことにする。草案を五日市憲法と命名したのは筆者らであるが、その経緯については終章で述べる。

五日市憲法の草案は、全五篇から成っている。第一篇は「国帝」(全四一条)、第二篇は「公法」(全三六条)、第三篇は「立法権」(全七九条)、第四篇は「行政権」(全一三条)、第五篇が「司法権」(全三五条)という構成である。綴りの原典に条数は付されておらず、当初は全何条あるのかがわからなかった。私は条文を写し取っていくなかで二〇四条と数えたが、二〇五条ではないかという説もある。条文をどこで分けるかは、参照した草案との異同も関係してくるので、微妙な問題である。本書ではすでに定着している全二〇四条として記述する。

各篇の内訳をみると、「第二篇　公法」「第三篇　立法権」「第五篇　司法権」で一五〇条となり、全体の七割を超えている。草案作成の下敷きとした嚶鳴社草案と全体を比較してみると、まったく同文の一一条と、条文の一部を修正補充したものが四二条ある。さきに述べたように、嚶鳴社草案に該当するものがないオリジナルの条文は一〇一条ある。

憲法学者の稲田正次が著書『明治憲法成立史の研究』のなかで、五日市憲法を逐条にわたって分析している。私の調査では、五日市憲法は、嚶鳴社草案を最も多く参照し、なおかつ東京日日新聞連載の福地源一郎「国憲意見」(一八八一年三月三〇日~四月一六日)も参考にしていることが判明していたが、稲田はさらに、五日市憲法のどの条文が、西欧のどの国の憲法を参照しているかを詳細に検討している。その分析によれば、イタリア、ポルトガル、イスパニア、スイス、オーストリア、プロシャ、オランダ、デンマークなど八か国の憲法を参考にしているという。フランスやイギリスといった大国ではなく、いずれも比較的中小国であることに気づくだろう。このうちプロシャを除いた七か国の憲法は、一八七七年九月に刊行された元老院蔵版『欧洲各国憲法』に収録されている。プロシャ憲法の参照は一か条だけだという。このことからも、大日本帝国憲法とは、その依って立つ基盤が異なることがわかる。

五日市憲法の特徴は、国民の権利、国会の規定を主とする立法権、司法権に表れている。全体としては、多くの私擬憲法に共通する立憲君主制、天皇と民撰議院と元老院で成り立つ三部制の国会、立法・行政・司法の三権分立主義をとる憲法といえる。しかし、その主眼は、三六項目に及ぶ国民の権利保障と、行政府に対する立法府の優位性の位置づけ、国民の権利を周到に保障するための司法権の規定にあることは間違いないだろう。

この憲法草案が誕生した五日市という地域には、どのような社会的、歴史的、経済的、文化的背景があったのか。草案が発見された深沢家文書や、この地域の自由民権運動のリーダー的役割を果たした内山家や参加メンバーの家の文書などから、かなりの部分が明らかにできた。同時代に起草された他の地域や結社の私擬憲法のうち、五日市憲法のように具体的史料をもって、その起草過程の実態が解明できているものは少ない。

幸いなことに、五日市では草案を起草するための具体的取り組みがよくわかっている。たとえば、深沢家文書の中から見つかった「討論題集」という、小さな備忘録のようなメモには、この地域の民権結社「学芸講談会」や「学術討論会」で議論した、あるいは議論しようとした討論のテーマが書きとめられている。詳細は後述するが、六三項目にわたる論題名が記録されており、なかには五日市憲法の条文に直接かかわるテーマも複数みられる。残念ながら議論の中身の記録はないが、定期的に開かれた講談会や討論会での議論が、五日市憲法の下地を作っているものと考えられる。ここからは、草案の各篇を順に追いながら、五日市憲法の特徴を見ていこう。

第一篇　国帝

帝位相続

「第一篇　国帝」は全四一条あり、「帝位相続」「摂政官」「国帝の権利」の各章に分かれる。まず「帝位相続」から見てみよう。条文の総数は一〇条である。嚶鳴社草案とは同文一条、一部修正七条、該当条文なし二条となっている。国家元首としての天皇の呼称は、多くの私擬憲法で使われている「皇帝」を「国帝」に改めている。それと同時に、「皇」という文字の使用をできるだけ避け、「今上皇帝」を「今上帝」、「皇裔（こうえい）」を「子裔（しえい）」、「皇位」を「帝位」という修正を施している。元首の称号は、その地位や機能と密接な関係があることから、起草者には何らかの意図があったものと推測される。

帝位継承順位は、五日市憲法では、嚶鳴社草案の第七条にある「長ハ幼ニ、嫡ハ庶ニ、卑族ハ尊族ニ先ダツ」という条文をそのまま採用している。草案の作成過程を考えると、起草者はこの篇章には特に意を注がなかった可能性があり、重要視されていないようにも見える。最後に付け加えられたかのようにある二条、すなわち「帝室及（およ）び皇族の歳費は国庫より相当に之を供奉す可し」(第九条)と「皇族は三世にして止む、四世以下は姓を賜ふて人臣に列す」(第一〇条)は、嚶鳴社草案に該当条文はないが、福地源一郎の「国憲意見」には、ほぼ同じ条文がある。「帝室」という語法から、この憲法の起草過程をうかがい知ることができよう。

摂政官

次が「摂政官（せっしょうかん）」である。総数は七条、一部分修正が五条、大幅修正・補充が一条、該当条文なしは一条。

摂政に「官」を付した意図は何であろうか。五日市憲法が参考にした嚶鳴社草案が「摂政官」となっているので、それを踏襲したということだろう。「摂政官」を使っている私擬憲法はほかに、共存同衆（きょうぞんどうしゅう）の「私擬憲法意見」、立志社の「日本憲法見込案」「熊本相愛社草案」、植木枝盛の「東洋大日本国国憲按」などがある。このうち立志社の案は「帝室」の章ではなく、「行政府」の章に規定されており、植木案では「摂政職」という名称を使っていることから言って、「摂政」も行政官吏の一人であるという意識で使っている可能性が考えられる。

摂政官の年齢は、通常の場合、満二一歳以上となっている。しかし、国帝が一八歳の成年に達していない場合や、何らかの理由で政治をみずから行えなくなった場合、国会がその事実を認めたうえ、国帝か太政大臣のどちらかが、国会の三分の二以上の議決を得て「皇族近親の中より」指名することとなっている。

国帝の権利

「国帝の権利」の総数は二四条、一部修正が二条、大幅修正・補充が一一条、該当条文なしが一一条となっている。この項目については、半分近くが大幅修正で、他の半分は該当する条文なしであることから、かなり神経を使って条文を検討し、生み出したのではないかと思われる。

冒頭の「国帝の身体は神聖にして侵す可らず、又責任とする所なし」(第一八条)は、私擬憲法の大部分に共通しているので、五日市憲法だけが特出しているわけではない。嚶鳴社草案では「皇帝は神聖にして責任なし」とある。他の私擬憲法にもある「神聖」「神孫」「神種」という表現に象徴されるように、記紀神話による国体観念につながり、大日本帝国憲法の第三条「天皇は神聖にして侵すべからず」と重なる。そのことをもって、万世一系の確立を図ろうとした「有司専制」政府と共鳴するのではないかという指摘もあるが、五日市憲法の価値はそれだけでは切り捨てられない。

同じ条文の後段の「万機の政事に関し、国帝若し国民に対して過失あれば、執政大臣独り其責に任ず」は、福地の「国憲意見」を参照している。大臣が責任を負わなければ、責任はひとり国帝にかかってきてしまう。そうなると「皇統を不窮に継承」することができなくなる。だから君民同治の政体を建てていくには、大臣がすべて政治の責任を負わなければならないと福地源一郎は主張しているが、五日市憲法も同じ立場に立っているとみられる。

国帝の権利の「国帝は軍隊に号令し、敢て国憲に悖戻する所業を助けしむることを得ず」(第二二条）という条文は、国帝が号令をかけて、自国の軍隊に憲法に違背するような行動を起こさせることはできないという意味である。またこの条文の後段にある「戦争なき時に際し、臨時に兵隊を国中に備ひ置かんと欲せば、元老院民撰議院の承諾なくしては、決して之を行ふ可らざる者とす」とあるのは、国帝が勝手に軍隊を持つことを認めず、必ず元老院と民撰議院の両院の承認が必要ということである。憲法学者の稲田正次は、この条文を大日本帝国憲法の第一二条「天皇は陸海軍の編制及常備兵額を定む」と比較し、「天皇の軍事大権を強化しているのと全く正反対の体制をとったもの」と断定している。また、違憲の軍事政策を事実上制限しているこの条文は、おそらく起草者の独自の案ではないかと指摘している。

さらに、外国軍隊や軍兵の寄港や上陸については、国会にかけ、その承諾がなければならないとしている。修好条約、宣戦講和についても「即時に之を国会の両院に通知」し、国財費消や、国土を譲与変改する条約締結の場合、「国会の承諾を得るに非れば、其効力を有せず」というように国会での承諾が必ず必要としている。稲田が指摘しているように、立法権を有する国会の外交に対する監督権強化は、五日市憲法のひとつの特徴と位置づけることができる。

起草者の千葉卓三郎については後の章で詳しく紹介するが、このことに関して千葉は、次のような演説草稿を残している。一八七五年（明治八年）五月七日、ロシアとの間で結ばれた樺太・千島交換条約について、「夫れ国土は政府の特有なる者にあらず、即必国家の共有にあ

日本帝国憲法
第一篇　国帝　　　陸陽仙史　千葉卓三郎草
第一章　　帝位相續
日本国ノ帝位ハ神武帝ノ正統タル今上帝ノ子孫ニ世伝ス其相續スル
順序ハ左ノ條款ニ従フ
日本国ノ帝位ハ嫡皇子及其男統ニ世伝シ其男統ナキトキハ嫡[illegible]子及其
男統ニ世伝シ其男統ナキトキハ庶皇子及其男統ニ世伝ス
嫡皇子孫庶皇子孫及其男統ナキトキハ国帝ノ兄弟及其男統ニ世伝ス
国帝ノ嫡庶子孫兄弟及其男統ナキトキハ国帝ノ伯叔父（上皇ノ兄弟）
及其男統ニ世伝ス
国帝ノ嫡庶子孫兄弟伯叔父及其男統ナキトキハ皇族中当世ノ国帝ニ最
近ノ血縁アル男及其男統　ヲシテ帝位ヲ襲受セシム
皇族中男無キトキハ皇族中当世ノ国帝ニ最近ノ女ヲシテ帝位ヲ襲受セシ
ム但シ女帝ノ配偶ハ帝権ニ干与スルコトヲ得ス
以上承継ノ順序ハ総テ長ハ幼ニ先チ嫡ハ庶ニ先チ卑族ハ尊族ニ
先タツ
特殊ノ時機ニ逢ヒ帝位相續ノ順次ヲ超ヘテ次ノ相續者ヲ定ムルコトヲ
必要トスル中ハ国帝其方案ヲ國會ニ出シ議員三分二以上ノ可決アル
ヲ要ス
帝室及皇族ノ歳費ハ国庫ヨリ相當ニ之ヲ供奉ス可シ
皇族ハ三世ニシテ止ム四世以下ハ姓ヲ賜フテ人臣ニ列ス

日本帝国憲法

第一篇　国帝

第二章　摂政官

国帝ハ満十八歳ヲ以テ成年トス

国帝ハ成年ニ至ラサル間ハ摂政官ヲ置クヘシ

成年ノ国帝ト雖モ政ヲ親ラスル能ハサル事故アリテ国会其事実ヲ認メタル時ハ其事故ノ存スル間亦摂政官ヲ置クヘシ

摂政官ハ国帝若クハ太政大臣之ヲ皇族近親ノ中ヨリ指名シ国会三分ニ以上ノ可決ヲ得ルヿヲ要ス

成年ノ国帝其政ヲ親ラスル能ハサル場合ニ於テ国帝ノ相続者既ニ満十五歳ニ至ル片ハ摂政官ニ任ス此場合ニ於テハ国帝若クハ太政大臣ヨリ国会ニ通知スルニ止テ其許ニ附スルヲ要セス

摂政官ハ其在官ノ間名爵及儀仗ニ関スルノ外国帝ノ権利ヲ受用スル者トス

摂政官ハ満廿一歳以上ノ者タルヘシ

同第二章　摂政官

日本帝国憲法
第一篇　国帝
第三章　　国帝ノ権利
国帝ノ身体ハ神聖ニシテ侵ス可ラス又責任トスル所ナシ
萬機ノ政事ニ関シ国帝若シ国民ニ対シテ過失アレハ執政大臣独リ其
責ニ任ス
国帝ハ立法行政司法ノ三部ヲ総轄ス
国帝ハ執政官ヲ任意ニ除任免黜シ元老院ノ議官及裁判官ヲ任命ス
但シ終身官ハ法律ニ定メタル場合ヲ除クノ外ハ之ヲ免スルヿヲ得
ス
国帝ハ海陸軍ヲ総督シ武官ヲ拝除シ軍隊ヲ整備シテ便宜ニ之ヲ派遣
スルヿヲ得
但シ其昇級免黜退老ハ法律ヲ以テ定メタル例規ニ準シ国帝之ヲ決
ス
国帝ハ軍隊ニ号令シ敢テ国憲ニ悖戻スル所業ヲ助ケシムルヿヲ得ス
且ツ戦争ナキ時ニ際シ臨時ニ兵隊ヲ国中ニ備ヘ置カント欲セハ元老
院民撰議院ノ承諾ナクシテハ決シテ之ヲ行フ可ラサル者トス
国帝ハ鋳銭ノ権ヲ有ス貨幣条例ハ法律ヲ以テ之ヲ定ム
但シ通貨ヲ製造改造シ又之レ肖像ヲ貨幣ニ鋳セシムルヿヲ得
国帝ハ爵位貴号ヲ賜与シ且法律ニ依準シテ諸種ノ勲綬栄号ヲ授ク又
法律ヲ以テ限定スル所ノ恩賜金ヲ与フルヿヲ得
但シ国庫ヨリシテ之ニ禄ヲ賜ヒ賞ヲ給セラルヽハ国会ノ可決ヲ経
ルニ非サレハ勅命ヲ実行ス可ラス
国帝ハ何レノ義務ヲモ負フヿナキ外国ノ勲級ヲ受クルヿヲ得又国帝
ノ承諾アレハ皇族モ之ヲ受クルヲ得
但シ何レノ場合ヲ論セス帝臣ハ国帝ノ許允ヲ経スメ外国ノ勲級爵

同第三章　国帝の権利

位官職ヲ受クルヿヲ得ス
日本人ハ外国貴族ノ称号ヲ受クルヿヲ得ス
国帝ハ特命ヲ以テ既定宣告ノ刑事裁判ヲ破毀シ何レノ裁判庁ニモ之ヲ
移シテ覆審セシムルノ権アリ
国帝ハ裁判官ノ断案ニ因リ處決セラレタル罪人ノ刑罰ヲ軽減赦免ノ
ノ恩典ヲ行フヿヲ得ルノ権ヲ有ス
凡リ重罪ノ刑ニ處セラレ終身其公権ヲ剥奪セラレタル者ニ対シ法律
ニ定メタル所ニ由リ国會ノ議事ニ諮詢シ其可決ヲ得テ大赦特赦及赦
罪復権ノ赦裁ヲ為スヿヲ得
国帝ハ全国ノ審判ヲ督責シ及之ヲ看守シ其決行ヲ充分ナラシメ又公
罪ヲ犯ス者アル時ハ国帝ノ名称ヲ以テ之ヲ追捕シ求刑シ所断ス
法司ヲ訴告スル者アル時ハ国帝之ヲ聴キ仍ホ参議院ノ意見ヲ問フテ
後ニ之ヲ停職スルヿヲ得
国帝ハ国會ヲ催促徴喚シ及之ヲ集開終閉シ又之ヲ延期ス
国帝ハ国益ノ為ニ須要トスル時ハ會期ノ暇時ニ於テ臨時ニ国會ヲ召
集スルヿヲ得
国帝ハ法律ノ議案ヲ国會ニ出シ及其他自ラ適宜ト思量スル議ヲ国
會ニ下附ス
附許ノ国會ニ議セス特権ヲ以テ決シ外国トノ諸般ノ国約ヲ為ス
但シ国家ノ安保ト国民ニ密附ノ関係一通商貿易ノ條約一ヲナスヿ
ニ基ヒスル者又ハ国財ヲ費シ若クハ国疆所属地ノ局部ヲ譲与変改
スルノ條約及其他正ハ國會ノ承諾ヲ得ルニ非レハ其効力ヲ有セス
国帝ハ開戦ヲ宣シ和議ヲ講シ及其他ノ交際修好同盟等ノ條約ヲ準定
ス但シ即時ニ之ヲ国會ノ両院ニ通知ス可シ且国家ノ利益安寧ト相容
接スト思量スル所ノ者ヲ同クシテ国會ノ両院ニ通照ス

4

国帝ハ外国事務ヲ総摂ス外國派遣ノ使節諸公使及領事ヲ任免ス
国帝ハ国會ヨリ上奏シタル起議ヲ允否ス
国帝ハ国會ノ定案及判決ヲ勅許制可シ之ニ鈐印シ及ヒ總ラ立法全權
ニ属スル所ノ職務ニ就キ最終ノ裁決ヲ為シ之ニ法律ノ力ヲ与ヘヲ公
布ス可シ
国帝ハ外国ノ兵隊ノ日本国ニ入ル丁ヲ許ス丁又太子ノ為メニ王位ヲ
辞スル丁トリ然ニ就テハ特別ノ法律ニ依リ国會ノ承諾ヲ受ケサレ
ハ其効力ヲ有セス
国帝ハ国安ノ為ニ須要ナル時機ニ於テハ同時又別々ニ国會ノ両院ヲ
停止解散スルノ権ヲ有ス
　但シ議解散ノ布告ト同時ニ四十日内ニ新議員ヲ撰挙シ及二ケ月内
ニ議院ノ召集ヲ命ス可シ

らずんばあらざるなり」と。それなのに、今回は「斯民に問はざる」はどうしてなのか。また、一八七四年（明治七年）の台湾出兵についても「一も之を斯民に問はざるのみならず、且之を告げ」なかったことを糾弾し、「該兵該財素と誰に出しや、是皆我兄弟の汗血に出る者にあらずして何哉」と鋭く論断している。このような千葉の自論が、憲法起草時に活かされたからこその条文ではないかと考えられる。

ただし、立法権と国帝との関係については、「国帝は国会より上奏したる起議を允否す」（第三八条）、「総て立法全権に属する所の職務に就き、最終の裁決を為し、之に法律の力を与へて公布す可し」（第三九条）と、立法権の最終裁決者として国帝に「不裁可権」を与えている条文もみえ、憲法全体のなかでの矛盾が混在していることも注目しておく必要があるだろう。

第二篇　公法

国民の権利

「第二篇　公法」は、全三六条ある。嚶鳴社草案と同文や一部修正の条文は一条もなく、大幅修正補充した条文が一一条、該当条文なしが二五条という構成になっている。そもそも嚶鳴社草案には「国民の権利」規定はわずか一〇条しかない。

五日市憲法の「国民の権利」規定を次頁の表にまとめておく。私擬憲法のなかでも最も民主主義的な憲法であるといわれる植木枝盛による「東洋大日本国国憲按」と比べてみても、基本的な人権保障はほとんど遜色がない。とくに最初の「日本国民は各自の権利自由を達す可し、他より妨害す可らず、且国法之を保護す可し」(第四五条)は、第一級のオリジナルの条文である。国民は一人ひとりの自由権利を達せられなければならない。この自由権利は、けっして他から妨害してはならない。同時に国の法律というものはこの自由権利を保護しなければならない。基本的人権の達成とその不可侵性、さらには国の法律による保護を明確に表明している。

起草者の千葉卓三郎は、一八八〇年の演説会で「未だ国会及憲法を立てず、徒に新聞[紙]条例、集会条例等の如きを発行し、妄に言論の自由を鈐束し、国民の権理を圧蹙する者あるは何ぞ」と明治政府を痛烈に批判し、「顕然として表に最至小の自由を保捗するに汲たるを飾り、而して隠然として裡に最も至大の自由を奪ふ者あるに非ずして、何ぞ」と、出版や演説討論の集会などの自由な言論活動を弾圧する条例に対して、何ものにも束縛されない、人間固有の自由権利を守るべきであると明言している。五日市憲法には、そのような千葉卓三郎の人権思想が貫徹しているといえる。

ただし、何も問題がないわけではない。国民の自由と権利に関する条文の中に、「法律を遵守するに於ては」とか、「法律に定めたる時機幷に程式に循拠して」という法律上の留保が付

五日市憲法の「国民の権利」規定. カッコ内は条数

① 国政に参加する権利(46)
② 法律の上において平等の権利(47)
③ 日本全国同一の法典が准用され, 同一の保護を受ける権利(48)
④ 身体を保護する権利(49)
⑤ 生命を保護する権利(49)
⑥ 財産を保護する権利(49)
⑦ 名誉を保護する権利(49)
⑧ 実施以前の事項に遡って法律は適用されない権利(不遡及の原則 50)
⑨ 予め検閲を受けることがない思想・言論の自由(51)
⑩ 著述出版, 表現の自由(51)
⑪ 講談討論演説の自由(51)
⑫ 奏呈・請願・上書・建白の自由(51)
⑬ 文武官僚に就く権利(55)
⑭ 信教の自由(56)
⑮ 産業・職業の自由(57)
⑯ 結社・集会の自由(58)
⑰ 信書の秘密をおかされない権利(59)
⑱ 法律による時機と規定によらなければ, 拘引・召喚・囚捕・禁獄されない権利(60)
⑲ 住居不可侵の権利(61)
⑳ 居住の自由(61)
㉑ 財産所有の権利(62)
㉒ 公規による没収に対して正当な賠償を得る権利(62)
㉓ 国会の決定, 国帝の許可のない租税は賦課されない権利(63)
㉔ 当該の裁判官および裁判所でなければ糾治裁審されない権利(64)
㉕ 一度処断をうけた事件については再び糾弾を受けることがない権利(一時不再理の原則 65)
㉖ 裁判官自著の文書で, 理由と劾告書および証人名を告知しないで拿捕されることがない権利(66)
㉗ 拿捕されたら 24 時間以内に裁判を受ける権利(67)
㉘ 裁判の宣告は 3 日以内に受けられる権利(67)
㉙ 裁判所よりその理由を記した宣告状のない場合は禁錮されない権利(67)
㉚ 宣告を受けた者の控訴・上告の権利(68)
㉛ 保釈を受ける権利(69)
㉜ 何人も正当な裁判官より阻隔されることがない権利(70)
㉝ 国事犯のために死刑を宣告されない権利(71)
㉞ 違法な命令, 拿捕に対して損害賠償を受ける権利(72)
㉟ 教育の自由(76)
㊱ 義務教育(小学校)を受ける権利(76)
㊲ 府県の自治は干渉妨害されない権利(77)

けられている点である。植木枝盛の「東洋大日本国国憲按」では、「日本の国家は日本各人の自由権利を殺減する規則を作りて之を行ふを得ず」「日本の人民は法律の外に於て自由権利を犯されざるべし」とあり、無条件の「絶対自由」を保障している。

一方、五日市憲法では死刑廃止についても「国事犯のために」との条件付きだが、植木草案では「何等の罪ありと雖も生命を奪はれざるべし」となっている。集会結社の権利も「国難を醸すべきの状なく、又戎器〔兵器〕を携ふるに非ずして平穏に」という、穏健な集会しか認めない五日市憲法に対して、植木草案は「自由に結社するの権を有す」と何らの条件も付けていない。「日本人を脱する権利」「拷問の禁止」「条件なしの死刑廃止」「自由歩行の権利」「国籍離脱の権利」「無法への抵抗権」「政府官吏圧制を成す時、排斥し、兵器を以て抵抗する権利」「国憲に背いて人民の自由権理を残害する時、覆滅して新政府を樹立する革命権」「兵士宿泊を拒否する権利」など、この徹底した権利意識が、抵抗権や革命権につながり、植木草案が他に例をみない出色の草案であると言われる所以である。

五日市憲法におけるこうした留保は、大日本帝国憲法の「臣民権利義務」にある「法律の定むる所に従ひ」「法律の範囲内に於て」と同根ともみられる余地を生んでいる。つまり「法律」という枠をはめれば、国民の権利を制限することが可能となるのではないかとの疑問がある。

地方自治

第二篇の第一章「国民の権利」の項目の最後は、次の条文となっている。

府県令(ママ)ハ、特別ノ国法ヲ以テ其綱領ヲ制定セラル可シ。府県ノ自治ハ各地ノ風俗習例ニ因ル者ナルカ故ニ、必ラス之ニ干渉妨害ス可ラス、其権域ハ国会ト雖(いえ)トモ之ヲ侵ス可ラサル者トス(第七七条)

簡潔でわかりやすい条文である。府県会(地方議会)は、特別な国法でその綱領を制定しなければならない。府県の自治というものは、その地域の風俗や習例に因るものなので、絶対に干渉したり妨害したりしてはならない。その自治権は国会といえども侵害してはならないものであると言っている。府県の自治を地方自治と読みかえれば、地方自治権は立法府の国会でも侵害できないという強い力を与えている条文である。

福地源一郎の「国憲意見」にも、ほぼ同じ条文が解説付きで掲載されている。福地はそこで、「府県会ハ特別ノ国法ヲ以テ、其綱領ヲ制定セラルベシ、府県ノ自治ハ之ヲ妨碍(ぼうがい)スベカラザル事」と述べている。福地の解説によれば、地方分権の国是を定めるには、まず、府県会を設置しなければならない。つまり、自治とは府県州郡の政治であると理解すれば、その要は府県会である。もし府県会がなければ、府県民自治の効果はなく、地方分権の力もない。そうなれば、全国の政治の力すべてが中央政府に集まり、中央集権国家となってしまうだろう。そのとき、もし国会があったとしても、地方分権にはつながらないだろう。

福地は続けてこう語る。そもそも国会と府県会はその権域は異なり、優劣はない。国会の権域を府県会が侵してはならないし、府県会の権域もまた国会が侵してはならない。そう決めておかないと、地方分権の体をなさない。国会さえ設立すれば府県会がなくともよいという考えは、分権自治を国是の第一としなければならないことを理解していない。だからこそ、憲法を制定するときには、府県会の設立を強固にしておかなければならない。そのためには中央政府は「特別の国法を以て、府県会の為に其設立、組織、権理の綱領を制定」し、その条目については、府県民が府知事県令と協議して綱領に準拠して制定させ、それを一府一県の憲法とさせるべきである。それぞれ地域によって風俗習例が異なるのは当然で、自治の条目もまた異なるのは当然だろう。したがって、それに干渉して全国同一にしようとするのは、自治を妨害することになるだろう。五日市憲法は、こうした福地の主張を全面的に採り入れて作成されたものとみられる。

それにしても、地方自治権をこれだけ明確にした私擬憲法の例は少ない。では、実際に五日市地域の自治はどうだっただろうか。『利光鶴松翁手記』の記述にあるように、町長はじめ戸長などの行政担当者、この地域の経済を支える経済人、学校教育の現場にいる校長や教員、さらには地域文化のリーダー、神官や僧侶など、オールメンバーで自由民権運動を担っていた実態を考えると、五日市は自ずと自治意識に目覚めていたことも推測される。具体的な内容までは把握できていないが、地域の現状を無視して行われる国や県などからの指令や強制には強く反発したのではないか。地域の政治を担う者たちの、中央政府や県令に対する日常的な不満や反発が、こうした条文を生み出したといえよう。

地方自治権については、自由党と並ぶ立憲改進党も、趣意書に「中央干渉の政略を省き、地方自治の基礎を建つる事」を掲げており、大隈重信のブレーンである小野梓が「国憲論稿」や『国憲汎論』などで地方分権や地方自治論を展開している。さらに同党の加藤政之助が一八八三年(明治一六年)四月に出した『改進論』では、「人民ハ他ノ干渉ヲ待タズシテ其政務ニ当リ、自ラ治ルノ権理アル」と主張し、「一地方ニ関スルノ政務ハ、尽ク(ことごと)其土地人民ノ自治ニ任ジ、敢テ干渉政略ヲ行フコト」があってはならないと説いている。自由民権運動のなかで地方自治への関心は大いに高まっていたといえる。

教育の自由

もう一つ、「国民の権利」の項目で、見落としてはならない条文が「教育の自由」を明言した次の条文である。

子弟ノ教育ニ於テ、其学科及教授ハ自由ナル者トス。然レトモ子弟小学ノ教育ハ、父兄タル者ノ免ル可ラサル責任トス（第七六条）

教育の自由は明確である。どのような学科をどのように教えても、それは自由である。さらに子どもの小学校の教育については、その教育を受ける権利を子どもに与えることを保護者たるものに課している。つまり、子ども側からいえば、少なくとも小学校の教育は受ける権利が保障されているということだろう。教育を受ける権利に触れている私擬憲法は他にほとんどないことからいって、特筆すべき条文である。

起草者の千葉をはじめ、憲法草案作成の土台作りの役割を果たした、学芸講談会や学術討論会のメンバーのなかには、勧能学校教員も複数含まれており、当然ながら教育についての議論もあったことが考えられる。現に深沢権八が討論題をメモした討論題集のなかには、「中学ノ教課書ニ政治書ヲ加フルノ可否」「公立小学校ヲ廃スルノ可否」「冬季小学校教場ニ暖室ノ為メ、炭火ヲ使用スルノ可否」の三つのテーマが入っている。

勧能学校の初代校長の永沼織之丞（おりのじょう）と教員の千葉卓三郎（二代目校長）や伊東道友ら、さらには隣村の小学校教員たちも含めて、かなりの数の教員が学芸講談会のメンバーに名を連ねていることと同時に、公立小学校の設立や運営等に関わっている村長、村用掛、学務委員なども同人だったことを考えると、教育の現場に直接従事している教員と行政の責任者の生の声が、議論のなかに反映されていたことが推測される。次世代を育てる教育の場は、できるだけ国家権力の干渉からまもり、国家から自由であることの重要性を、身をもって体感していたからこその条文である。勧能学校の第一期生だった深沢権八の民権家としての著しい成長が、それを物語っていよう。

一方、こうした自由民権運動に危機感を覚えていた明治政府は運動を弾圧し、学校教育の統制に乗り出した。一つは一八八〇年（明治一三年）に出された集会条例で、教員や生徒の集会や結社への参加を禁止した。さらに、一八九〇年（明治二三年）、政府は教育の基本方針として教育勅語を発布した。「我が国に万一危急の大事が起こった場合は、大義に基づいて国家のために一身を捧げよ」と、家族国家観による忠君愛国主義や儒教的道徳を強調したものである。教育勅語は全国の学校に配布され、儀式などで奉読された。近代日本の教育活動の最高原理として、教育現場でこれを国民に強制した。歴史をひもとけば明らかであるが、教育勅語は後の一五年戦争下では軍国主義の教典としても利用され、神聖化するとともに、生徒は全文を強制的に暗誦させられた。こうした状況のなかで、五日市をはじめ各地で芽生え始めていた自由主義

日本帝国憲法

第二篇　公法

第一章　国民ノ権利

左ニ掲クル者ヲ日本国民トス

一　凡ソ日本国内ニ生レタル者

二　日本国外ニ生レタル日本国人ヲ父母トスル子女

三　帰化ノ免状ヲ得タル外国人

但シ帰化ノ外国人カ享有スヘキ其権利ハ法律別ニ之ヲ定ム

左ニ掲クル者ハ政権ノ受用ヲ停閣ス

一　外形ノ無能（癈疾ノ類）心性ノ無能（狂癲白痴ノ類）

二　禁獄若クハ配流ノ審判

但シ期満レハ政権剥奪ノ禁ヲ解ク

左ニ掲クル者ハ日本国民ノ権利ヲ失フ

一　外国ニ帰化シ外国ノ籍ニ入ルヽ者

二　日本国帝ノ允許ヲ経スシテ外国政府ヨリ官職爵位称号若クハ恩賜金ヲ受クル者

日本国民ハ各自ノ権利自由ヲ達ス可シ他ヨリ妨害ス可ラス且国法之ヲ保護ス可シ

日本国民ハ国憲許ス所ノ財産智識アル者ハ国事政務ニ参与シ之レカ可否ノ発言ヲ為シ之ヲ議スルノ権ヲ有ス

凡ソ日本国民ハ族籍位階ノ別ヲ問ハス法律上ノ前ニ対シテハ平等ノ権利タル可シ

凡ソ日本国民ハ日本全国ニ於テ同一ノ法典ヲ準用シ同一ノ保護ヲ受ク可シ地方及門閥若クハ一人一族ニ与フルノ特権アルコトナシ

凡ソ日本国ニ在居スル人民ハ内外国人ヲ論セス其身体生命財産名誉ヲ保固ス

第二篇　公法　第一章　国民の権利

法律ノ條規ハ其効ヲ既往ニ及ホスヿアル可ラス
凡ソ日本国民ハ法律ヲ遵守スルニ於テハ万事ニ就キ豫メ検閲ヲ受ク
ルヿナク自由ニ其思想意見論説図絵ヲ著述シ之ヲ出板頒行シ或ハ公、
衆ニ対シ講談討論演説シ以テ之ヲ公ニスルヿヲ得ヘシ
但シ其弊害ヲ抑制スルニ須要ナル處分ヲ定メタルノ法律ニ対シテ
ハ其責罰ヲ受任ス可シ
凡ソ思想自由ノ權ヲ濫用スルニ因リ犯ス所ノ罪アル時ハ法律ニ定メ
タル時限ニ循據シテ其重ヲ定ム可シ著刻犯ノ軽重ヲ定ムル
ハ法律ニ定メタル特例ヲ除クノ外ハ陪審官之ヲ行フ
凡ソ日本国民ハ法律ニ掲ルノ外ニ於テ或ハ彊テ之ヲ為サシメラレ或ハ彊
テ之ヲ止メシメラル丶等ノヿアル可ラス
又ソ日本国民ハ集會ノ性質或数人連署或ハ一個人ノ資格ヲ以テスル
モ法律ニ定メタル程式ニ循據シ皇帝国會及何レノ衙門ニ向テモ直接
ニ奏呈請願又上書建白スルヲ得ルノ權ヲ有ス
但シ該件ニ因テ牢獄ニ囚附セラレ或ハ刑罰ニ処セラル丶ヿアル可
ラス若シ政府ノ處置ニ関シ又国ハ相互ノ事ニ関シ其他何モテモ自
己ノ意ニ無理ト思考スルヿアレハ皇帝国會何レノ衙門ニ於テモ上
書建白請願スルヿヲ得可シ
凡ソ日本国民ハ華士族平民ヲ論セス其才徳器能ニ応シ国家ノ文武官
僚ニ拜就スル同等ノ權利ヲ有ス
凡ソ日本国民ハ何宗教タルヲ論セス之ヲ信仰スルハ各人ノ自由ニ任ス
然レ𪜈政府ハ何時ニテモ国安ヲ保シ及各宗派ノ間ニ平和ヲ保存ス
ルニ応當ナル處分ヲ施スヿヲ得
但シ国家ノ法律中ニ宗旨ノ性質ヲ負ハシムルモノハ国憲ニアラサ
ル者トス
凡ソ何レノ勞作工業農耕ト雖𪜈行儀風俗ニ戻リ国民ノ安寧若クハ健

康ヲ傷害スルニ非レハ之ヲ禁制スルヿナシ

凡ソ日本国民ハ結社集會ノ目的若クハ其會社ノ使用スル方法ニ於テ国禁ヲ犯シ若クハ国難ヲ醸スヘキノ状ナク又戎器ヲ携フルニ非スメ平穏ニ結社集會スルノ権ヲ有ス

但シ法律ハ結社集會ノ弊害ヲ抑制スルニ須要ナル處分ヲ定ム

凡ソ日本国民ノ信書ノ秘密ヲ侵スヿヲ得ス其信書ヲ勾収スルハ現在ノ法律ニ依リ訟ニ適シタル令手揃又ハ探索ノ場合ヲ除クノ外戰時若クハ法行ノ斷案ニ據ニ非レハ之ヲ行フヿヲ得ス

凡ソ日本国民ハ法律ニ定メタル時機ニ除シ法律ニ定ムル規程ニ循據スルニ非レハ之ヲ拘引招喚囚捕禁獄或ハ強テ其住屋戸鎖ヲ打開スルヿヲ得ス

凡ソ日本国民各自ノ住居ハ全国中何カニテモ其人ノ自由ナル可シ而メ他ヨリ之ヲ侵ス可ラス若シ家主ノ承允ナク或ハ家内ヨリ招キ呼フヿナク又火災水災等ヲ防禦スル為ニ非スメ夜間人家ニ侵入スルヿヲ得ス

凡ソ日本国民ハ財産所有ノ權ヲ保固ニス如何ナル場合ト雖氏財産ヲ没收セラルヽヿナシ公規ニ依リ其公益タルヲ証スルモ仍ホ之ニ応スル至當ナル前價ノ賠償ヲ得ルノ後ニ非レハ之レカ財産ヲ買上ラルヽヿナカル可シ

凡ソ日本國民ハ國會ニ於テ決定シ国帝ノ許可アルニ非レハ決メ租税ヲ賦課セラルヽヿナカル可シ

凡ソ日本国民ハ常設ノ裁判官若クハ裁判所ニ非レハ縦令既定ノ刑法ニ依リ又其法律ニ依リ定ムル所ノ規程ニ循フモ之ヲ糺治裁審スルヿヲ得ス

法律ノ正條ニ明示セル所ニ非レハ甲乙ノ別ヲ論セス拘引逮捕糺弾履刑ヲ被ルヿナシ且ツ一タヒ處斷ヲ得タル事件ニ付再次ノ糺弾ヲ受ク

可ラス

凡ソ日本国民ハ法律ニ掲クル場合ヲ除クノ外之ヲ拿捕スルヿヲ得ス又拿捕スル場合ニ於テハ裁判官自ラ署名シタル文書ヲ以テ其理由ト劾告者ト証人ノ名ヲ被告者ニ告知ス可シ

総テ拿捕シタル者ハ二十四時間内ニ裁判官ノ前ニ出スヿヲ要ス拿捕シタル者ヲ直ニ放还スルヿ能ハサル片ニ於テハ裁判官ヨリ其理由ヲ明記シタル宣告状ヲ以テ該犯ヲ禁錮ス可シ右ノ宣告ハ力所能的迅速ヲ旨トシ遅クモ三日間内ニ之ヲ為ス可シ

但シ裁判官ノ居住ト相鄰接スル府邑村落ノ地ニ於テ拿捕スル片ハ其時ヨリ二十四時間内ニ之ヲ告知ス可シ若シ裁判官ノ居住ヨリ遠隔スル地ニ於テ拿捕スル片ハ其距離遠近ニ準シ法律ニ定メタル当応ノ期限内ニ之ヲ告知ス可シ

右ノ宣告状ヲ受ケタル者ノ求ニ因リ裁判官ノ宣告シタル事件ヲ遅滞ナク控訴シ又上告スルヿヲ得ヘシ

一般犯罪ノ場合ニ於テ法律ニ定ムル所ノ保釈ヲ受クルノ権ヲ有ス

何人モ正当ノ裁判官ヨリ阻隔セラルヽヿナシ是故ニ臨時裁判所ヲ設立スルヿヲ得ス

国事犯ノ為ニ死刑ヲ宣告サルヽヿナカル可シ

凡ソ法ニ違フ命令シ又放免ヲ怠リタル拿捕ハ政府ヨリ其損害ヲ被リタル者ニ償金ヲ払フ可シ

凡ソ日本国民ハ何人ニ論ナク法式ノ徴募ニ膺リ兵器ヲ擁シ海陸ノ軍伍ニ入リ日本国ノ為ニ防護ス可シ

又其所有財産ニ比率シテ国家ノ負任（公費租税）ヲ助クルノ責ヲ免ル可ラス皇族ト雖モ税ヲ除免セラルヽヿヲ得可ラス

国債公債ハ一般ノ国民タル者其負擔ノ責ヲ免ル可ラス

子弟ノ教育ニ於テ其学科及教授ハ自由ナル者トス然レ𪜈子弟小学ノ

教育ハ父兄タル者ノ免ル可ラサル責任トス
府縣令ハ特別ノ国法ヲ以テ其綱領ヲ制定セラル可シ府縣ノ自治ハ各
地ノ風俗習例ニ因ル者ナルカ故ニ必ラス之ニ干渉妨害ス可ラス其權
域ハ国會ト雖モ之ヲ侵ス可ラサル者トス

教育の芽は完全に摘み取られたのである。

第三篇　立法権

「第三篇　立法権」は、第一章「民撰議院」、第二章「元老議院」、第三章「国会の職権」、第四章「国会の開閉」、第五章「国憲の改正」の五つで構成されている。「国帝及立法権を有する元老院、民撰議院を以て成る」（第一〇九条）国会のうちの元老院と民撰議院についての規定である。立法権全体で七九条あるが、嚶鳴社草案との比較で、大幅修正補充と該当条文なしを合わせると六六％となり、とくに第三章「国会の職権」（目次では「国会権任」となっている）では九〇％近くになる。民撰議院が入って構成される国会への期待度が高いということだろう。

民撰議院

まず「民撰議院」を見てみよう。総数は一九条、そのうち部分修正が九条、大幅修正補充が五条、該当条文なしが五条である。民撰議員は直接投籤（とうせん）法で選ばれる議員で構成され、選挙区は二〇万人につき一人の定員となっている。私擬憲法でも永田一二案では一〇万人、筑前共愛会案の五万人と比べると、かなり大きな選挙区である。一八八二年（明治一五年）における日本の総人口が約三六三五万人なので、二〇万人に一人の選出ということで計算すると、総数は一八一人になる。任期は三か年、二か年ごとに半数改選となっている。

被選挙人については、満三〇歳以上の男子、定額の財産所有、私有地よりの歳入が証明できるもの、一定の直接税の納入者、文武の常職を持つ日本国民など、大幅な条件付きである。また選挙人資格については、婦女、未成年者、禁治産者、住居なしの人で奴僕雇傭者などを欠格者としているが、被選挙人と同様の一定の財産所有者、直接税納入者に限りという制約が付いていないので、そのまま素直に読めば、男性に限られるが比較的普通選挙に近いといえよう。

女性の政治参加については、討論題集の中に「女戸主に政権を与ふるの利害」という論題が記されている。議論が具体的にどう展開したかは不明であるが、一八八〇年代にすでに婦人参政権の是非を議論していた形跡がある。この地域の先駆的な問題意識をうかがわせる。ただ結果として、憲法条文では選挙権を除外されるべき人に「婦女」が入っていることから、討論の結果、「害あり」に賛成者が多かったのではないか。

また、財政(諸租税賦課も含む租税と国債)に関する法案起草の特権を保障し、元老院には、それを覆議か抛棄(ほうき)かだけの判断をさせ、その内容を変改できないとの条文(第八四条・第一〇三条)などから、国民の生活に直結する租税などの問題については、民撰議院に限定して討議権を保障していることにも注目しておきたい。

税金については、討論題集に記録のある関連項目も確認されている。たとえば、討論題に「増租の利害」「贅沢品に重税を賦課するの利害」「訴訟者に課税するの可否」などがあがっており、それぞれの問題点は、学芸講談会などですでに討論して、問題点をあぶりだしていたのではないかと考えられる。

元老議院

総数は一一条で、大幅修正補充が六条、該当条文なしが五条という内訳になっている。元老院議官は、嚶鳴社草案の定員五〇人を四〇人に、任期一〇年を終身に修正している。さらに元老院議官になる資格についても、嚶鳴社草案とは異なる内容となっている。

嚶鳴社草案では、(1)皇族華族、(2)国家に大功労ありし者、(3)三等級以上の任官者、(4)地方長官、(5)三度以上下院(この場合民撰議員)に選ばれている者、とある。それを五日市憲法では、(一)民撰議院の議長、(二)民撰議員に三度以上選ばれた者、(三)執政官諸省卿、(四)参議官、(五)三等官以上の任官者、(六)日本国の皇族華族、(七)海陸軍の大中少将、(八)特命全権大使・公使、(九)裁判官・検事、(一〇)地方長官などとあり、立法、行政、司法などに関わった人物も含めて、できるだけ多くの階層から任命しようという意図が読み取れる。一部の特権階級だけからなる構成を排する考えとみられる。この事例から、下敷きとした嚶鳴社草案のどこを、どのように修正したかをみることで、この憲法の起草者の基本的姿勢を読み取ることができる。なお、条文中では「元老院」と記されている。

国会の職権

総数三二条、同文は一条、部分修正が三条、大幅修正補充が五条、該当条文なしは二三条ある。まず冒頭の条文をみてみよう。国会というものは「国家永続の秩序を確定、国家の憲法を議定し、之を添刪更改し、千載不抜の三大制度を興廃する事を司る」（第一〇八条）と、「国帝及立法権を有する元老院、民撰議院を以て成る」（第一〇九条）国会が、国の基本法の憲法を議定し改正する権限をもつとして位置づけた。「国会は総て日本国民を代理する者にして、国帝の制可を須つの外、総て法律を起草し、之を制定するの立法権を有す」（第一一一条）が基本に据えられた。

いくつか注目すべき条文をみてみたい。ひとつは「国会は帝国若くは、港内に外国海陸軍兵の進入を允否す」（第一二八条）である。外国軍隊が日本国内もしくは港内に入ってきたときに、それを許可するか拒否するかは国会に決定権があるという意味で、今日の外交を考える場合も重要なポイントになる条文である。

条文の中で最も光るのは、第一一二条で、模範としたものがない五日市憲法の完全なオリジナル条文である。立法権をもつ国会が、行政権を持つ政府が進めようとしている政治に対して、それが憲法に準法しているかどうか、つまり違憲になっていないかをチェックし、違憲の場合は拒否できるという、国会の最終的優位を認めている条文である。国会には違憲立法審査権や政策の点検阻止権を与えていることになる。稲田正次の言葉を借りれば、この条文に起草者千葉卓三郎の「人権を尊重し、国家権力の我儘、勝手を一切許さないという厳しい心がまえが表れている」。

なお、「国会は行政全局(法律規則に違背せしが処置、其宜きを得ざるや)を監督するの権を有す」(第一一六条)、「国会は、其議決に依りて憲法の欠典を補充するの権、総て憲法に違背の所業は之を矯正するの権、新法律及憲法変更の発議の権を有す」(第一一九条)にみる国会と行政との関係を示す条文にも、国会の果たすべき役割が明確に示されている。それと同時に国帝との関係も示している。「国会は国帝太子摂政官、若くは摂政をして、国憲及法律を遵守するの宣誓詞を宣べしむ」(第一二一条)、「国会は国帝殂するときは、若くは帝位を空ふするとき、既往の施政を検査し、及施政上の弊害を改正す」(第一二七条)という条文にみられるように、国帝にも憲法を守ることを宣誓させ、国帝が没したときは、これまでの施政を洗い直し、弊害があった場合は改正する権利が国会にあるという点に、注目する必要があるだろう。

また、国会が制定しなければならない法律を、条文の中に具体的に列挙してあるのは、他に例を見ない。たとえば「医薬の法律及伝染病、家畜疫疾防護の法律を定む」(第一三九条)とあるのは、憲法起草の時期に、毎年伝染病で数万人から数十万人も亡くなっている、当時の衛生行政の貧弱さが背景にあると思われる。こういう条文も生活に密着した視点からの法文化とみてよい。起草者の千葉自身も結核に罹り、その療養のために、五日市の仲間からカンパを得て、草津温泉に湯治に行ったことがある。途中、埼玉や群馬で「両県とも衛生警察至て行届かずと認む(何となれば、どぶの水を市中道路に撒布するを誰何せず、密淫売の多き、其一斑なり)」と、手紙で知らせてきたことがあった。千葉の潔癖さもあるのだろうが、衛生問題に強く関心があったのではないか。五日市では、その後「協立衛生義会」という結社が結成され、住民の衛生と厚生に対して、意欲的な働きかけがなされたことがある。

国会の開閉

総数は九条、部分修正補充が六条、大幅修正補充が二条、該当条文なしが一条である。ここでは、国会に自動集会権があるかどうかが問題だが、国帝の崩御の場合のみ認められている。

国憲の改正

総数八条、同文が二条、部分修正が六条で、嚶鳴社草案とほぼ同一となっている。討論題集

第三篇　立法権　第一章　民撰議院

12

民撰議院ハ行政官ヨリ出セル起議ヲ討論シ又国帝ノ起議ヲ改竄スルノ権ヲ有ス

民撰議院ハ緊要ナル調査ニ関シ官吏並ニ人民ヲ召喚スルノ権ヲ有ス

民撰議院ハ政事上ノ非違アリト認メタル官吏（執政諸官）ヲ上院ニ提出弾劾スルノ特権ヲ有ス

民撰議院ハ議員ノ身上ニ関シ左ノ事項ヲ処決スルノ権ヲ有ス

一 議員民撰議院ノ命令規則若クハ特権ニ違背スル者

二 民ヨリ其議員ノ撰挙ニ関スル訴訟

民撰議院ハ其正副議長ヲ議員中ヨリ撰挙シテ国帝ノ制可ヲ請フ可シ

民撰議院ノ議員ハ院中ニ於テ為シタル討論演説ノ為ニ裁判ニ訴告ヲ受クルヿナシ

代民議員ハ会期中及会期前後三十日間民事訴訟ヲ受クルヿアルモ答弁スルヲ要セス

民撰議院ノ代民議員ハ現行犯罪ニ非レハ下院ノ許諾ヲ得スシテ会期中及会期ノ前後三十日間拘致因捕審判セラルヽヿナシ

但シ民撰議院ノ承諾ヲ得ル片ハ此限ニアラス

但シ現行犯罪ノ場合ニ於テ之ヲ拘致因捕シ或ハ会期ヲ閉ツルノ後訖又因捕スルニ於テモ即時至急ニ裁判所ヨリ代民議員ヲ拿捕セシヿヲ民撰議院ニ通知シ議院ヲシテ其件ヲ照査シテ之ヲ審査セシム可シ

民撰議院ハ請求シテ会期中及会期ノ前後若干日間議員ノ拘罪拘引ヲ停止セシムルノ権ヲ有ス

民撰議院ノ議長ハ院ニ於テ議員（規律）ヲ施行スルノ権アリ

代民議員ハ会期ノ間旧議員任期ノ最終会議ニ至ルマテ全給ヲ受ク可シ又特別ノ決議ヲ以テ往返ノ旅費ヲ受ク可シ

日本帝国憲法

第三篇　立法権

第二章　元老議院

元老院ハ国帝ノ特権ヲ以テ命スル所ノ議官四十名ヲ以テ成ル

但シ民撰議院ノ議員ヲ兼任スルヲ得ス

満三十五歳以上ニシテ左ノ部ニ列スル性格ヲ具フル日本人ニ限リ元老院ノ議官タルヿヲ得ヘシ

一　民撰議院ノ議長

二　民撰議院ニ撰ハレタルヿ三回ニ及ヘル者

三　執政官諸省卿

四　参議官

五　三等官以上ニ任セラレシ者

六　日本国ノ皇族華族

七　海陸軍ノ大中少将

八　特命全権大使及公使

九　大審院上等裁判所ノ議長及裁判官又其大検事

十　地方長官

十一　勲功アル者及材徳興望アル者

元老院ノ議官ハ国帝ノ特命ニ因リテ議員中ヨリ之ヲ任ス

元老院ノ議官ハ終身在職スル者トス

元老院ノ議官ハ一ヶ年三千円ニ過キサル一身ノ俸給ヲ得ベシ

皇子及太子ノ男子ハ満二十五歳ニ至リ文武ノ常職ヲ帯ヒサル者ハ元老院ノ議官ニ任スルヿヲ得

諸租税ノ賦課ヲ許諾スルヿハ先ツ民撰議院ニ於テ之ヲ取扱ヒ元老院ハ唯其事アル毎ニ民撰議院ノ議決案ヲ覆議シテ之ヲ決定スルカ若クハ拋棄スルカノ外ニ出テス決シテ之ヲ変改スルヿヲ得可ラス

同第二章　元老議院

元老院ノ議則及権利ニ関スル法律ハ先ツ之ヲ元老院ニ附セサルヲ
得ス民撰議院ハ唯之ヲ採用スルカ変換スルニ過キス決シテ之ヲ刪除ス
可ラス

元老院ハ立法権ヲ共用スルノ外左ノ三件ヲ審理ス

一 民撰議院ヨリ提出セラレタル執政大臣諸宰相ノ行政上ノ不
法ノ事ヲ審訊裁判ス其裁判手続ハ法律ヲ以テ之ヲ定ム

二 国帝ノ身体若クハ権威ニ対シ又ハ国安ニ対スル犯罪ヲ法律ニ
定メタル所ニ循ヒ裁判ス

三 法律ニ定メタル時機ニ際シ又ハ其定メタル規程ニ循ヒ元老院議
員ヲ裁判ス

元老院議員ハ其現行犯罪ニ由リテ拘捕セラルル時又ハ元老院ノ集会
セサル中ノ外ハ元老院ノ決定承諾ヲ経ルニ非サレハ之ヲ糺治シ又ハ拘致囚
捕セラルヽコトナシ

但シ現場ニ於テ罪ヲ犯シ拘捕セラレ又ハ糺治セラルヽ時ハ直ニ之
ヲ元老院ニ報知シ以テ該院権限ノ処置ヲ為サシム

同第三章　国会の職権

國會議スル所ノ法案ハ其討論ノ際ニ於テ國帝之ヲ中止シ若クハ禁止スルヿヲ得ス
國會（両院）共ニ規則ヲ設ケ其院事ヲ處置スルノ權ヲ有ス
國會ハ其議決ニ依リテ諸般ノ缺典ヲ補完スルノ權並ニ憲法ニ違背ノ所業ハ之ヲ矯正スルノ權新法律及憲法變更ノ發議ノ權ヲ有ス
國會ハ全國民ノ為ニ法律ノ主旨ヲ頒刊スヘシ
國會ハ國帝太子攝政官若クハ攝政ヲシテ國憲及法律ヲ遵守スルノ宣誓詞ヲ宣ヘシム
國會ハ國憲ニ掲ケタル時機ニ於テ攝政ヲ撰挙シ其權域ヲ判定シ未成年ナル國帝ノ太傅ヲ任命ス
國會ハ民撰議院ヨリ論劾セラレタル元老院ノ裁判ヲ受ケタル執政ノ責罰ヲ実行ス
國會ハ内外ノ國債ヲ募リ起シ國土ノ領地ヲ典賣シ或ハ疆域ヲ変更シ
府縣ヲ廃立分合シ其他ノ行政区畫ヲ決定スルノ權ヲ有ス
國會ハ國家經費ノ出入ヲ討論シ以テ（豫算表）ヲ議決シ上國憲ノ時ハ之ヲ議許ス
國會ハ國事ノ為メニ緊要ナル時ハ臨時ニ政府ノ請ニ応シ議會ニ議特務ヲ詳議指定ス
國會ハ國帝相續ナキ時ハ若クハ帝位ヲ空フスル時ハ政體ノ施設ヲ擬定シ又施政上ノ弊害ヲ改正ス
國會ハ帝國若クハ港汁ニ外國ノ海陸軍兵ノ進入ヲ允許ス
國會ハ海陸軍政府ノ起設ニ因リ平時若クハ臨時海陸軍兵ヲ限定ス
國會ハ内外國債ヲ起作スルニ適宜ナル方法ヲ設定ス
國會ハ帝國ニ法律ヲ施行スルタメニ必要ナル行政ノ規則ト行政ノ設立及其不全備ヲ補フ方法ヲ決定ス
國會ハ政府官僚及其俸給ヲ改正設定シ若クハ之ヲ廃止ス

國會ハ鐵路ノ布置便宜指路諸標並ニ船及度量衡ノ原位ヲ定ム
國會ハ外國トノ條約ヲ訂定ス
國會ハ其權義務執行ノ方法及其規則ト期限トニ関スル事及ヒ毎歳國
費ヲ可キ徵兵員數ハ此レヲ準備馬匹ノ數課共ニ推察政事ノ總則ニ
関スル事ヲ訂定ス
政府ノ議討諸事ノ規則及ヒ租税賦課ノ未定ヲ政府ノ決事表示ニ
審討管理成跡ノ報告並公債證書ノ發出政府旧債ノ方法ニ於ル事項ヲ覺
本書ノ事書ヲ附シノ法律ヲ全國ニ通スル審討諸般ノ事務ヲ決定ス
金銀銅貨及銀行證券ノ發出ニ関スル事務ノ規則ヲ制定ス及貿易並ニ線路郵便電信
道航通ノ事及ヒ全國通運ノ方法ヲ訂定ス
證券ノ銀行工業ノ特許度量衡ノ模型記印ノ保護ノ法律ヲ決定ス
警察ノ法律及傳染病家畜疫病防護ノ法律ヲ定ム

日本帝国憲法
第三篇　立法権
第四章　国会ノ開閉
国会ハ両議院共ニ必ス三ケ月ヲ以テ毎歳同時ニ之ヲ開クヘシ
国帝ハ国安ノ為ニ須要トスル時機ニ於テハ両議院ノ議決ヲ不認可シ
其議会ヲ中止シ紛議スルニ当リテハ其議会ニ解散ヲ命スルノ権ヲ有
ス然レトモ此場合ニ当リテハ必ラス四十日内ニ新議員ヲ選挙セシメ二
ケ月間内ニ之ヲ召集シテ再開ス可シ
国帝崩スル国会ノ召集期ニ至ルモ尚ホ之ヲ召集スル有無ヲ問ハス国会自
ラ参集シテ開会スルコトヲ得
国会ハ国帝ノ崩御ニ遭フモ嗣帝ヨリ解散ノ命アル迄ハ解散セス定期
ノ会議ヲ続クルコトヲ得
国会ノ閉期ニ当リテ次期ノ国会未タ開カサルノ間ニ国帝崩御スルコ
アルトキハ議員自ラ参集シテ国会ヲ開クコトヲ得若シ嗣帝ヨリ解散ノ命ア
ルニ非レハ定期ノ会議ヲ続クルコトヲ得
議員ノ撰挙既ニ畢リ未タ国会ヲ開カサルノ間ニ於テ国帝ノ崩御ニ遭
フテ尚未タ之ヲ開カサル者アルトキハ其議員自ラ参集シテ之ヲ開クコトヲ得若シ
嗣帝ヨリ解散ノ命アルニ非レハ定期ノ会議ヲ続クルコトヲ得
国会ノ議員大半既ニ欠ケテ次期ノ議員未タ撰挙セラレサル間ニ国
帝崩御スルトキハ前期ノ議員集会シテ一期ノ会ヲ開クコトヲ得
各議院ノ集会ハ同時ニス可シ若シ一院集会シテ他ノ一院集会セサル
トキハ国会ノ権利ヲ有セス
但シ紀弾裁判ノ為メニ法院ヲ開クハ其法廷ノ資格タルヲ以テ此限
ニアラス
各議院議員ノ出席過半数ニ至ラサレハ会議ヲ開クコトヲ得ス

1

同第四章　国会の開閉

日本帝国憲法
第三篇　立法権
第五章　　　国憲ノ改正
国ノ憲法ヲ改正スルハ[illegible]会議ニ於テス可シ
両議院ノ議員三分ノ二ノ議決ヲ経テ国帝之ヲ允可スルニ非レハ特別
会ヲ召集スルヿヲ得ス特別会議員ノ召集スル撰挙ノ方法ハ都テ国会ニ
同シ
特別会ヲ召集スル時ハ民撰議院ハ散会スル者トス
特別会ハ元老院ノ議員及国憲改正ノ為ニ特ニ撰挙セラレタル人民ノ
代民議員ヨリ成ル
特別ニ撰挙セラレタル代民議員三分ノ二以上及元老院議員三分ニ以
上ノ議決ヲ経テ国帝之ヲ允可スルニ非レハ憲法ヲ改正スルヿヲ得ス
其特ニ召集ヲ要スル事務畢ル時ハ特別会自ラ解散スル者トス
特別会解散スル時ハ前ニ召集セラレタル国会ハ其定期ノ職務ニ復ス
可シ
憲法ニアラザル総テノ法律ハ両議院出席ノ議員過半数ヲ以テ之ヲ決
定ス

II

同第五章　国憲の改正

にあった「憲法改正は特別委員を要するの可否」は、この草案では「特別会議に於てす可し」となっていることから、討論会では特別委員を要するとの主張が通ったのではないか。条文では、特別会議は元老院の議員と特別に選挙された「人民の代民議員」から構成され、両者とも三分の二以上の議決を得ることが不可欠とされている。最終的には国帝の允可を経て改正することができるとしているが、憲法改正には国民の意見を最大限尊重しようとする意図が明白である。とくに過半数ではなく、三分の二以上の議決がないと改正できないことになっていることに、強い思いがこめられている。大日本帝国憲法では「将来此の憲法の条項を改正するの必要あるときは勅命を以て議案を帝国議会の議に付すべし」(第七三条)となっている。「勅命」という文言に、五日市憲法との隔たりをみることができる。なお、憲法ではない法律の改正は、両議院の出席議員の過半数となっている。

第四篇　行政権

「第四篇　行政権」の総数は一三条、うち嚶鳴社草案と同文が七条、部分修正が四条、大幅修正補充が二条となっている。おおむね嚶鳴社草案を踏襲している。また、嚶鳴社草案では「行政官」という名称だが、五日市憲法では三権分立を明確にするために、あえて「行政権」

とタイトルを変えている。立法・司法とならべて行政の権利を規定する意図がある。

　この篇は、嚶鳴社案と同じく「国帝は行政官を総督す」(第一五七条)という条文から始まる。この場合の「行政官」を閣僚とみると、総理大臣が国会で国会議員によって指名され、内閣の過半数も国会議員のなかから選ばれ、その内閣が議会に対して責任を負うという形が議院内閣制であるとすれば、五日市憲法は議院内閣制を採用しているとはいえない。嚶鳴社案にある条文とほぼ同じ内容の「行政官は国帝の欽命を奉じて政務を執行する者とす」(第一六四条)という条文があるのも、その流れといえる。

　内閣を構成し、行政の全責任を負う行政官が、国帝の命令を承って政務を執行するということであり、これでは「官」を「権」と言い換えた意味も消滅してしまう。しかし、同じ行政権のなかの条文に、「行政官は執行する所の政務に関し、議院に対して其責に任する者とす、若し其政務に就き議院の信を失する時は、其職を辞す可し」(第一六五条)がある。それによれば、閣僚は政務に関して国会に責任を負い、その政務が国会の信を失ったときは辞職するとある。この行政(内閣)と国会との関係からすれば、議院内閣制を採っているともいえる。矛盾する条文が混在しているのである。

日本帝国憲法

第四篇

第一章　行政権

国帝ハ行政官ヲ総帝ス

行政官ハ大政大臣各省長官ヲ以テ成ル

行政官ハ合メ内閣ヲ成シ以テ政務ヲ議シ分シテ諸省長官ト為リ以テ當該ノ事務ヲ理ス

諸般ノ布告ハ大政大臣ノ名ヲ署シ當該ノ諸省長官之ニ副署ス

大政大臣ハ大蔵卿ヲ兼任ス可シ

大政大臣ハ国帝ニ奏シ内務以下諸官ノ長官ヲ任免スルノ権アリ

諸省長官ノ序次左ノ如シ

大蔵卿　内務卿　外務卿　司法卿　陸軍卿　海軍卿　工部卿

宮内卿　開拓卿　教部卿　文部卿　農商務卿

行政官ハ国帝ノ欽命ヲ表シテ政務ヲ執行スル者トス

行政官ハ其行スル所ノ政務ニ関シ議院ニ対シテ其責ニ任スル者トス

若シ其政務ニ就キ議院ノ信ヲ失スル時ハ其職ヲ辞ス可シ

行政官ハ諸般ノ法案ヲ草シ議院ニ提出スルヲ得

行政官ハ両議院ノ議員ニ兼任スルヲ得

行政官ハ毎歳国費ニ関スル議案ヲ草シ之ヲ議院ノ議ニ付ス可シ

行政官ハ毎歳国費決算目ヲ製シ之ヲ議院ニ報告ス可シ

III

第四篇　第一章　行政権

第五篇　司法権

「第五篇　司法権」は、総数三五条のうち大幅修正が七条で、あとの二八の条文は嚶鳴社草案には該当条文なしという構成である。私擬憲法のなかで、司法権に三五条もの規定を掲げたものは他になく、最も多い条文数である。立志社草案には三二条あるが、それ以外の草案のほとんどが一〇条前後であることからいっても、五日市憲法がいかに司法権に力を入れているかがわかる。ちなみに、大日本帝国憲法の司法権に関する条文は、わずか五条である。「司法権は天皇の名に於て法律に依り裁判所之を行ふ」という条文で冒頭に規定され、司法権はあくまでも天皇のもとにあることが明記されている。被疑者や被告人の人権にかかわる規定はない。

五日市憲法では冒頭に「司法権は国帝之を摠括す」(第一七〇条)があり、次に「司法権は不羈独立にして、法典に定むる時機に際し、及び之を定むる規程に循ひ、民事並に刑事を審理するの裁判官判事及陪審官之を執行す」(第一七一条)と続き、法文上、矛盾もあるが一応、三権分立主義を採っている。かつ陪審官制度を取り入れていることも注目される。

司法権で特に注目すべきは、「国民の権利」の章にある条文と符合するものが八条あり、互いに対になっている条文があることである。たとえば、左の表のような事例である。

司法権と国民の権利の条文の符合

司　法　権	国民の権利
第 200 条　如何なる罪科ありとも，犯罪者の財産を没収す可らず	第 62 条　凡そ日本国民は財産所有の権を保固にす，如何なる場合と雖ども財産を没収せらるることなし（後略）
第 197 条　法律に定めたる場合を除くの外は，何人を論ぜず拿捕の理由を掲示する判司の命令に由るに非れば，囚捕す可らず	第 66 条　凡そ日本国民は法律に掲ぐる場合を除くの外，之を拿捕することを得ず（後略）
第 187 条　何人も其志意に悖ひ，法律を以て定めたる正当判司裁判官より阻隔せらるることなし	第 70 条　何人も正当の裁判官より阻隔せらるることなし
第 194 条　国事犯の為に死刑を宣告す可らず	第 71 条　国事犯の為に死刑を宣告さるることなかる可し

国民の権利では、その基本的権利は国家権力によって侵害されることはないと、国民の当然の権利として「没収されない」「拿捕されない」「阻隔されない」「宣告されない」という主体的な表現になっている。それを司法権の篇では、法律によらない限りは、けっして「没収してはならない」「囚捕してはならない」「宣告してはならない」というように禁止的能動文になっている。二重規定、あるいは「裏規定」と言ってもよいだろう。このような形にあえてしたのは、国民の権利規定の絶対的保障として、司法権で再度条文化し、この権利の不可侵性をより積極的に保障する意図があったからと考えられる。このように二重規定を施す憲法草案はほかにはない。

また、陪審官（専門の裁判官のほかに、一般国民から選定される）採用についてはどのようになっているだろうか。国事犯の裁判（第一九四条）、著述出版の犯罪（第一九五条）、重罪（第一九六条）の場合の三つが規定されている。国事犯と重罪に加えて、著述出版の犯罪を入れていることが注目される。この審理にはできるだけ慎重を期すために、あえて陪審官を採用した判断を求めている。これら三つの規定はともに、起草者である千葉卓三郎の強い思いが反映されているとみてよいだろう。

このような逸話がある。千葉は、一八七四年（明治七年）、神仏に不敬を加えたという罪で捕縛され獄中にあった。そのとき、窃盗犯で同じ獄につながれていた人物がいた。ハリストス正教会の伝道師であった千葉は福音の教えを説き、「出獄後には上京してニコライから洗礼を」と励ましていたが、その窃盗犯は突然死刑の判決をうけた。刑場に赴くことになり、急きょ、千葉自身が洗礼を授けたという。罪状は不明だが、死刑とはあまりにも理不尽だと千葉には思えたのではないか。極刑に処する場合は、慎重の上にも慎重を期さねばならない。それが千葉の判断である。官僚裁判官だけの独断をできるだけ防ぐ意図から、陪審官という立場で国民の判断をも求めるべきだということだろう。

国民の権利と司法権の条文を細かく読んでみると、被疑者の段階もさることながら、被告人となってからも人権に配慮する条文があり、実に周到なものになっている。人権を最大限に尊重する意図が読み取れる。たとえば、法律によらない拘引・逮捕・糾弾・処刑、あるいは拿捕はない、と罪刑法定主義を明示したうえで、もし拿捕した場合も二四時間以内に当該の裁判所へ送ることが定められている。禁錮する場合もできるだけ速やかに行うべきだとの条文がある。拿捕も二四時間以内に告知する必要があるとの規定もある。また、被告人の審判は、正当な裁判所で行われるべきで、非常裁判所、臨時裁判所、特別裁判所などで行われてはならないとある。さらに、証人推問や訴訟手続、民事も刑事も裁判は公開しなければならないとしている。また、どのような罪科があっても、犯罪者から財産没収してはならないとの条文もある。こうした細かな部分にいたるまで条文に盛り込んだのは、千葉自身の苦い獄中体験があるからと考えられる。

日本帝国憲法
第五篇
第一章　司法権
司法権ハ国帝之ヲ按択ス
司法権ハ不羈独立ニシテ法典ニ定ムル時機ニ際シ及ヒ之ヲ定ムル規
程ニ循ヒ民事並ニ刑事ニ関スルノ責ハ司判事及陪審官之ヲ執行ス
大審院上等裁判所下等裁判所等ヲ置ク
民法商法刑法訴訟法治罪法山林法及司法官ノ構成ハ全国ニ於テ同均
トス
上等裁判所下等裁判所ノ数並ニ其位置各裁判所ノ構成権任其権任ヲ
執行スヘキ方法及裁判官ニ属ス可キ権理等ハ法律之ヲ定ム
私有権及諸権ヨリ生シタル権理負債其他凡ソ民権ニ管スル訴訟ヲ審
理スルハ特ニ司法権ニ属ス
裁判所ハ上等下等ニ論ナク廃改スルコトヲ得ス又其構制ハ法律ニ由ル
ニ非レハ変更ニ可ラス
凡ソ裁判官ハ国帝ヨリ任シ其判事ハ終身其職ニ任シ陪審官ハ訴件事
実ヲ決判シ裁判官ハ法律ヲ準擬シ而裁判ハ所長ノ名ヲ以テ之ヲ決行
宣告ス
郡裁判所ヲ除クノ外ハ国帝ノ任シタル裁判官ノ三年間其職ニ居タル者
ハ法律ニ定メタル場合ノ外ハ復之ヲ転黜スルコトヲ得ス
凡ソ裁判官法律ニ違犯アルトキハ各自其責ニ任ス
凡ソ裁判官ハ自ラ決行セラルヘキ罪犯ノ審判アルトキヲ以テスルノ外
有期若クハ無期ノ時間其職ヲ褫ハルヽコトナシ又司法官ノ決裁（裁判所ノ）
長若クハ上等裁判所ノ決裁等ヲ為ス
ヲ以テセラルヽカ又ハ充分ノ緒由アリテ国帝ノ
令ヲ下シ且ツ憑拠ヲ帯ヒテ罪状アル裁判官ヲ当該ノ裁判所ニ訴告ス
ル時ノ外ハ裁判官ノ職ヲ停止スルコトヲ得ス

IV

第五篇　第一章　司法権

軍事裁判及護郷兵裁判亦法律ヲ以テ之ヲ定ム
租税ニ関スル争訟及選挙ノ裁判モ同ク法律ヲ以テ之ヲ定ム
法律ニ定メタル場合ヲ除クノ外審判ヲ行フカタメニ例外非常ノ法衙
ヲ設クルヿヲ得ス、如何ナル場合タリトモ臨時若クハ特別ノ裁判所ヲ開
キ臨時若クハ特別ノ糺問所ヲ組立裁判官ヲ命シテ聴訟断罪ノ丁ヲ
行ハシム可ラス
現行犯罪ヲ除クノ外ハ当該部署官ヨリ発出シタル令書ニ依ルニ非
ズシテ拿捕スルヲ得ス若シ縦ヒ之ヲ拿捕スルヿアラハ之ヲ命令
シタル裁判官及之ノ請求シタル者ヲ法律ニ掲クル所ノ刑ニ処ス可シ
罰金及禁錮ノ刑ニ問フヘキ罪犯ハ拘留スルヿヲ得ス
裁判官ハ管轄内ノ訟獄ヲ聴断セスシテ之ヲ他ノ裁判所ニ移スヿヲ得ス
是故ヲ以テ特別ナル裁判所及専務ノ官ヲ設クルヿヲ得ス
何人モ其意ニ悖テ法律ヲ以テ定メタル正当判司裁判官ヨリ阻隔セ
ラルヽヿナシ是故ヲ以テ臨時裁判所ヲ設立スルヿヲ得可ラス
民事刑事ニ於テ法律ヲ施行スルノ権ハ特ニ上下等裁判所ニ属ス然レ
𪜈上下等裁判所ハ審判及審判ノ決行ヲ看守スルノ外他ノ職掌ヲ行フ
ヿヲ得ス
刑事ニ於テハ証人ヲ推問シ其他凡テ勧告ノ後ニ係ル訴訟手続ノ件ハ
公行ス可シ
法律ハ行政権ト司法権トノ間ニ生スルヿヲ得ヘキ権限抵触ノ裁判ヲ
規定ス
司法権ハ法律ニ定ムル特例ノ除キ亦政権ニ管スル争訟ヲ審理ス
民事刑事トモノ裁判所ノ訟庭ハ法律ニ由テ定メタル場合ヲ除クノ
外ハ法律ニ於テ定ムル所ノ規程ニ循ヒ必ス之ヲ公行ス可シ
但シ国安及風紀ニ関スルニ因リ法律ヲ以テ定メタル特例ハ此限ニ
非ラス

凡ソ裁判ハ其理由ヲ説明シ訟庭ヲ開テ之ヲ宣告ス可シ刑事ノ裁判ハ
其罪断ノ拠憑スル法律ノ條目ヲ掲録ス可シ

国事犯ノ為ニ死刑ヲ宣告ス可ラス又其罪ノ事実ハ陪審官之ヲ定ム可シ

凡ソ著述出版ノ犯罪ノ軽重ヲ定ムルハ法律ニ定メタル特例ノ外ハ陪
審官之ヲ行フ

凡ソ法律ヲ以テ定メタル重罪ハ陪審官其罪ヲ決ス

法律ニ定メタル時ニ宣告ヲ除クノ外ハ何人ヲ論セス之ヲ拿捕ス理由ヲ掲示
スル判司ノ命令ニ由ルニ非サレハ囚捕ス可ラス

法律ハ判司ノ命令ノ規式及罪人ヲ拿捕ニ従事スル一ノ期限ヲ定ム

何人ヲ論セス法律ニ由テ其職任アリト定メタル権ヲ以テシ又法律ニ
指定シタル規程ニ於テスルノ外ハ家主ノ意ニ違ヒテ家屋ニ侵入ス
ルヿヲ得ス

何如ナル罪科アリ雖犯罪者ノ財産ヲ没収ス可ラス

駅逓若クハ其他運送ヲ掌ル官署ニ託シタル信書ノ秘密ハ法律ニ由リ定
メタル場合ニ於テ判司ヨリ特殊ノ允許アルモノヲ除クノ外ハ決シテ之ヲ
侵ス可ラス

保険ノ建営土堤ノ新作修補ノタメニシ及ヒ傳染病其他緊急ノ情実ニ
際シ前文ニ掲クル公布ヲ必需トセサルヘキ時ハ一般ノ法律ヲ以テ之
ヲ定ム

法律ハ務メ公益ノ故[illegible]彼ヲ説[illegible]ヲ公布ス可シ

公益ノ公布及没収ノ前諾ハ異時此遷延ニ從ヒ所有ニ没収ニルヿヲ
緊要トスル片ハ[illegible]要求スルヿヲ得又然レ尤モ没収ヲ被リタル者
ハ没収ノ償償ヲ請求スルノ権ヲ損害セス

第三章　憲法の時代

第一節　憲法への道

憲法はどう受け止められたか

一八八九年（明治二二年）二月、大日本帝国憲法が発布された。この憲法は、天皇が臣民に与える、いわゆる「欽定憲法」である。では、憲法を与えられた当の人々は、それをどのように受け止めていたのだろうか。東京朝日新聞（一八八九年二月七日付）には、「天子様が絹布（けんぷ）の法被（はっぴ）を下さる」と勘違いしていた人々もいたことが報じられている。「絹布」とは憲法、「法被」とは発布のことであろう。どちらも人々は初めて耳にする言葉である。聞き間違うのも無理はない。また、ドイツ人の医師で、当時東大で医学教育や診療に従事していたベルツは、日記にこう記している。「東京全市は十一日の憲法発布を控えて、その準備のため言語に絶した騒ぎを演じている。到る所、奉祝門、照明、行列の計画。だが滑稽なことに、誰も憲法の内容をご存じないのだ」

憲法発布式当日の「各地奉祝の景況」（「朝野新聞」一八八九年二月一二日付）によれば、函館から鹿児島までの賑わいぶりが報告されている。函館では「区民六百余名、町会所に寄集りて憲法万歳を祝し、煙火（はなび）を打揚げ、市中賑（にぎわい）盛なり」。仙台では「市中繁昌にて公園地に大祝宴を開き、官民千五百二十四名の来会者ありて、非常の盛会なり」。栃木県足利では「足利梁田二郡有志者は憲法発布の祝宴を郡役所に開き、来会者三百名あり」。甲府では「三新聞社の発起にて官民大懇親会を公園に開き、各町村休業し、二十一発の祝砲を放ち、各地に煙火を揚げ、県庁外諸役所学校、皆祝意を表し、市中の賑は古今未曽有なり」。まだつづく。名古屋では「文武諸官議員等九百余人、東本願寺に大祝宴を挙げ、柳本氏総代にて挙杯万歳を祝せり、又師範学校生徒、消防隊は発火演習を催せり後、相撲、棒の手、能狂言、明清楽、餅擲あり」。大阪では「憲法発布を祝する為め、青年有志学生は桜の宮にて、運動会を為し、其他の官民は洗心館等数箇所にて祝宴を開き、市中の賑は甚だ盛なり」。

また、その一週間ほど前の二月六日の記事によれば、憲法発布式の日の祝賀について、各小学校高等科生徒を沿道で唱歌奉礼させるため、午後一時までに教員は生徒を引き連れ参列するよう通達を出せと、東京府より各郡区役所へ下知が飛んだという。府下の各郡区長は管内の地主や差配人を呼び出し、各町のどの家も国旗を掲げ、日の丸軒提灯を点けるよう指示した。さらには、山車踊台を出してほしいとの要請にこたえて、日本橋区では大鯛の山車を出し、景気づけに芸妓に引かせて華々しく盛り上げたという。

このように、全国各地で憲法発布の祝賀会が大々的に挙行されたが、政府はただ「一等国」の仲間入りを喧伝し、祝賀ムードをあおるばかりであった。憲法とは天皇陛下が下賜くださるものである。黙ってありがたく受け取ればよい。内容まで理解する必要はない。そういう認識だったのである。

ヘボクレ書生の書上の理屈

時間を遡ると、憲法の制定を先駆的に構想していたものとして、一八六七年(慶応三年)、坂本竜馬が後藤象二郎に示したといわれる船中八策がある。維新後の一八六八年(慶応四年)には、新政府により「広く会議を興し万機公論に決すべし」で始まる五箇条の誓文が発せられ、三権分立と議政局などを構想する政体書の公布が続いた。一八七三年(明治六年)に江藤新平が提案した国法会議は、新政府のもっとも早い「やや具体的な憲法制定論」とみられている。また、太政官制の左院が同年に作成した国会議院規則では、下院が民撰議院となっていることから、「政府機関による一種の憲法草案」ともみられる。

一八七一年(明治四年)に出発し、一年九か月にわたる欧米歴訪の旅を果たした岩倉使節団のなかで、憲法にもっとも関心を抱いていたのは木戸孝允(たかよし)である。その木戸の命を受けた青木周蔵が「大日本政規」「帝号大日本国政典」という憲法案を作り上げたが、どちらもプロシャ憲法に似たもので、民撰議院は認められていなかった。その後、一八七五年(明治八年)の大阪会議で設置された元老院が、政府内での憲法起草を担うことになった。元老院は一八七六年(明治九年)に憲法の起草に着手し、第一次案(一八七六年)、第二次案(一八七八年)、第三次案(一八八〇年)まで、二年ごとに起草を重ねた。しかし、結局、伊藤博文ら政府首脳が考えていた天皇統治の国体に合わないことから、どの案もすべてお蔵入りとなる。

一八八一年(明治一四年)、イギリス流の政党内閣制を採用し、早期の国会設立と憲法制定を主張していた参議大隈重信は、伊藤らと対立して政府を追われた。いわゆる、明治一四年の政変である。これを機に、一〇年後の国会開設を宣する勅諭が発せられ、さらに憲法は「欽定憲法」とすることが決まる。翌八二年(明治一五年)三月、ヨーロッパ諸国の憲法や国制を学ぶことを目的に、伊藤は約一年半に及ぶ「憲法取調」に旅立った。

同年八月、伊藤は滞在先から岩倉具視に宛てて書簡を送っている。そのなかで伊藤は、ドイツとオーストリアで学んだ成果を知らせるとともに、「英米仏の自由過激論者の著述のみを金科玉条の如く誤信し、ほとんど国家を傾けんとするの勢」が日本の現状であることを憂えている。自由民権運動の全国的な広がりを、伊藤が看過できないものとみていたのは明白である。この時期、政府側も民権派側も双方ともに、「憲法」という国家原理をめぐって、お互いを強く意識しあいながら動いていた。劣勢を強く意識し危機感を募らせていた伊藤は、ウィーン大学の国家学者シュタインの教えを受けたことで、ようやく憲法と立憲制に対する確信を得るに至る。形勢を挽回する「道理と手段」を得た、と岩倉宛の同じ書簡で述べている。

伊藤の言う「道理と手段」とはすなわち、「自国の国体歴史」を基礎とし、天皇の名のもとに発せられる憲法である。「心私に死処を得るの心地」と心境を語る伊藤は帰国後、政府による憲法草案、いわゆる夏島草案の起草に着手する。この時点での伊藤に、渡欧前からの迷いや危機感はもはやない。「青年書生が漸く洋書のかじり読みにてひねり出したる書上の理屈をもって、万古不易の定論なりとし、これを実地に施行せんとするが如き浅薄皮相の考にて、却て自国の国体歴史は度外に置き、無人の境に新政府を創立すると一般の陋見に過ぎざるべし」(明治一五年九月六日付、松方正義宛書簡)。民権派の知識人を「ヘボクレ書生」と揶揄するほどの自信の深めようであった。

伊藤のほか、井上毅、伊東巳代治、金子堅太郎ら、ごく限られたメンバーによる密室での起草作業は、民権派の起草作業と極めて対照的である。民権派の憲法草案は、各地の民権結社を中心に公議公論のもと起草されていた。伊藤らの夏島草案にそれらを参照した形跡はない。伊藤が断じるように、民権派の憲法草案は「書上の理屈」にすぎないのだろうか。次節からは、各地の結社の取り組みを見ることで、それを検証していきたい。

第二節　民権結社の取り組み

結社の時代

自由民権運動を草の根で支え、実質的にこの運動の核となったのが、いわゆる民権結社といわれる組織である。福井淳(あつし)はこの結社について「さまざまな階層・職業の人々により、日本の各地域や都市、さらには海外で創られ、民権運動の核・拠点としての政治・学術・学習・情報・産業・扶助・懇親などの多彩な機能をもつ活動を行ない、多様な利益・願望を実現・代弁しようとした運動体である」と位置づけている。「社」を「結ぶ」という意味では、「講」とか「結(ユイ)」などのように伝統的結合組織とも無縁ではないが、民権期に集中して誕生したことを考えると、福井の言うように「自由民権の「理念」の体現を組織目的として自主的に結成、ないしは当初の組織が衣替えした近代的機能集団(社会学上のボランタリー・アソシエーション)」といえる。

自由民権運動をもっとも下で支えていたのが、そうした地域にできた多種多様な結社である。結社と言うと、板垣退助が明治政府を下野して故郷の高知に戻って立ち上げた「立志社」が思い浮かぶかもしれないが、全国各地にはさまざまな結社が誕生した。政治性が強い結社もあれば、政治性が緩い結社もある。いずれにしても、人と人が自主的に結合することで、単身単独では出来なかったことを可能にする機能を果たしたのが、結社であるといえるだろう。

それでは全国にどのくらいの数の結社が誕生したのだろうか。誰も総数を数えたことがない研究状況のなかで、私が一度取り組んだことがある(国立歴史民俗博物館近代展示「文明開化」一九九三年三月)。その後の研究をふまえて一八七四年から一八九〇年までの一七年間で、全国各地に二一二八社を超える結社(一八九八年の沖縄と在米民権結社も含む)が誕生し、加盟した会員の数は万を超えると推測したことがある。結社は一定の額の会費を徴収する場合が多い。社会意識の高い人たちが、互いに規約を設けて交流を深めていたとみてよいだろう。この数も、その時点での各地の研究成果の合計であるので、今後、各地で研究と掘り起こしが進めば、さらに増えることは確実である。現に二〇一七年に私が確認した宮城県では、従来の八〇社から一挙に一四一社となった。したがって、現在は二一八九社である。

これらの結社を一過性の付和雷同者の集まりとみては、本質を見逃すことになる。各地の結社はそれぞれ定期的な活動に取り組み、時に大きな政治課題も視野に入れながら、なおかつ自分たちの住む地域の問題にも目を向け、中央政党とも連携しつつ、さまざまな活動を展開していた。そこで生まれたエネルギーが、自由民権運動のパワーとなったのである。

国会期成同盟の呼びかけ

一八七五年(明治八年)、立志社を中心に全国の有志が大阪で結成したのが、士族中心の政社・愛国社である。七九年(明治一二年)一一月に開かれた第三回大会では、全国規模の国会開設請願運動の展開を決定し、各地の結社に向けて檄文を発した。翌八〇年三月の第四回大会には、全国二府二二県からの総代九六人が、八万七千人の国会開設請願委託者名簿をたずさえて大阪に集まった。それまでの士族民権を乗り越え、豪農・農民層も巻き込んだ国民的な組織に変貌し、名称も「国会期成同盟」と改め、一九条におよぶ規約も決めた。

その規約によれば国会開設の願望書を天皇に捧呈し、国会開設が認められれば、憲法制定のための代人選出の方法や、「国会憲法」を政府に建言し、憲法内容についての同盟側の要望を政府に伝えることなどを決定した。そして、八〇年四月には、太政官に国会開設を求める上申書を提出した。これに対して政府は、上申書の受理を拒否したうえで、集会条例を定めて弾圧に乗り出した。

国会期成同盟は、八〇年一一月、第二回大会を東京で開催し、新しい運動方針について討議する。このとき、国会開設請願者数は約一三万人となっていた。この大会では合議書が作られ、翌年一〇月に予定される第三回大会までに各々の結社が憲法草案を作成し、それを持ち寄り審議することが決議された。この合議書が全国の民権家たちを奮起させ、各地の結社を中心に憲法草案の作成作業が活発化するのである。

しかし、にわかに情勢が変わる。北海道開拓使官有物払下げ事件、明治一四年の政変をめぐって政局が紛糾するなか、八一年一〇月、政府は国会期成同盟の切っ先を制するかたちで「国会開設の詔」を発布し、九〇年(明治二三年)を期して国会を開設すると宣言したのである。政府によるこの動きに、国会期成同盟は揺さぶられる。前年の第二回大会では、議決はされなかったものの、政党の結成が提案され、大会後にはその準備会も持たれていた。政府側の動きを受けて国会期成同盟は、長年の国会開設の目的が達せられたと判断し、各地の結社が持ち寄る憲法草案の審議は棚上げにして、来るべき国会の開設に向けて新党結成の動きを加速させた。

そして、八一年一〇月二九日、板垣退助を総理、中島信行を副総理とする、日本で初めての政党・自由党が結成された。板垣らのこの判断が、結果的に、自由民権運動のその後を決める歴史的選択となる。国会期成同盟の第三回大会では結局、憲法草案の審議は行われず、各地で起草された憲法草案はすべて宙に浮いたかたちとなってしまったのである。

各地での起草の動き

国会期成同盟の呼びかけに呼応して、各地の結社を中心にして憲法論議が積極的に行われていたことが、国会期成同盟本部報に報告されている。ここでは、その本部報の記事に注目しながら各地での起草の動きを確認してみよう。

まず、栃木県の動きである。一八八〇年夏頃、田中正造を中心に設立された民権結社・中節社では、翌八一年早々には国会開設運動とともに「国憲見込書」作成に取り組んでいたという。

「下野の百姓なり」と自任し、足尾鉱毒事件では天皇への直訴までした田中正造である。その憲法草案はどのようなものであったか興味深いが、現在までのところ、「国憲見込書」の存在は確認されていない。五日市憲法と同様に、どこかの土蔵にまだ眠っている可能性もある。

一八八一年六月の本部報によれば、岩手県盛岡では、同年五月から憲法研究会が発足し、草案の作成に着手、審議中と報道されている。さらに、八月に開かれる予定の東北七州自由党の会で「憲法見込案」を議論し、一〇月の国会期成同盟第三回大会での決議を受けたうえで、どうするか十分協議する段取りになっているという。また別の報告では、盛岡だけの憲法見込案はほぼ完了したので、関わっているメンバーを盛岡に集め、七月より審議して確定憲法を作り上げる予定と伝えられている。この報告どおりだとすれば「盛岡憲法」が誕生していたはずだが、現在のところ未確認である。

宮城県での動きはどうだろうか。一八八一年六月の本部報によれば、仙台組合が有志たちと「憲法見込案」を編成中であることが報じられている。また、東北七州自由党で議論する委員として、河野広中、本多庸一、鈴木舎定、村松亀一郎、若生精一郎ら六名の名前が挙がっている。そのうち村松と若生の二人は宮城県出身である。さらに報道では、「頻りに仙台丈の見込」を調べているとあるので、「仙台憲法」が完成していた可能性もある。

仙台の民権結社・進取社は、八一年四月頃から憲法起草に取り組んでいた。進取社では、

「社員の中から憲法編成委員五名を選出し、独自に起草作業をすすめていた」という。進取社発行の雑誌『進取雑誌』には社員の論稿が掲載されているが、とりわけ佐藤時彦が八一年六月から七月に同誌に連載した「一局議院ト二局議院トノ得失ヲ論ズ」は、一局議院を主張している点で注目される。

次に愛知県の動きである。八一年六月、名古屋組合が毎月一〇日に「憲法見込の集会」を開いていたことが報じられている。また、三尾自由党では、同年九月には岡崎に集まって「憲法案」を議論することとし、その会議で「別冊の通議定す」とある。憲法案は完成して別冊になっていたことが推測される。この「岡崎憲法」も、未だ発見に至っていない。

さらに西に飛んで、京都の場合をみてみよう。一八八一年(明治一四年)五月三一日付の東京横浜毎日新聞によると、丹後国の有志者が近頃奮起して民権拡張に取り組み、「当秋の期成同盟会に提出する憲法草案の起稿に着手したり」とある。丹後といえば、七九年、宮津の結社・天橋義塾の沢辺正修(さわべせいしゅう)が「大日本国憲法案」を作成しており、その内容も判明している。新聞で報道された草案が沢辺案と同じものかどうかは不明である。しかし、国会期成同盟の大会に持参することを目標に草案作りをしていたことはわかる。

さらに西の動きはどうだろうか。ここでは、島根県の動きをみてみよう。朝野新聞の報道によれば、浜田での動きが早い。八一年三月には有志たち数名で「憲法研究会」を設立したとあり、この動きに地元経済人たちが金円の支援に乗り出しているという。有志だけにとどまらない、地域を巻き込んだ動きもあったとみられる。また、「出雲の国」と表現されているが、松江や出雲あたりを中心に、国会開設請願運動を活発に展開していた有志たちがいたようである。八一年七月には「期成同盟に於て決議せし憲法草案も、已に脱稿し」とあり、九月には松江で「憲法見込案の会議」を開いて決議し、それを「期成同盟会に持出す」見込みだと報じられている。松江では、前年の第二回大会での合議に応えるべく、今秋予定の第三回大会に持参する憲法草案はすでに完成しているという。短期間に脱稿まで漕ぎ着けていることから、この地域での憲法論議のレベルはかなり高かったことがうかがわれる。しかし、この「松江憲法」も発見には至っていない。

また、「島根県下の民権党」の動きとして、八一年五月三一日付の東京横浜毎日新聞の報道がある。それによると、秋の期成同盟大会に提出する「憲法草案は雲州の尚志社にて目下編集中」とある。松江の旧藩士族を中心とした「尚志社」という結社が草案作りに取り組んでいたことがわかる。ただし、前述の松江憲法と同じものを指している可能性はある。

次に福岡の動きである。期成同盟本部報(一八八一年七月)によれば、最近は「専ら憲法意見書を起草する」方向で動いているという。各地の状況は多少衰えもみせているが、「内部の精神は然らず、必ず憲法案等を起草し、進取の気象は一歩進め」たいとの報告記事がある。自分たちも憲法起草に取り組んでいることを、全国の本部報の読者に知らせておきたいという意図が感じられる。「福岡憲法」が完成したかどうかは定かでない。

容易ならざる起草作業

最後に熊本だが、同地の民権結社・相愛社の動きが注目される。いざ起草に取り組んではみたものの、完成まで持っていくのは容易ではない。憲法を起草することが、いかに容易ならざる作業であるか、相愛社の事例はよく示している。

相愛社の動きについては、すでに先行研究があり、憲法起草の取り組み状況がかなり具体的に明らかになっている。以下は、『松山守善自叙伝』に記録された、相愛社の憲法起草の動きである。松山守善は相愛社の議論に直接参加していた人物で、自叙伝は私擬憲法の起草過程をみる際によく引用される文献である。議論の実態が大変リアルに記録されているので、少し長文だが引用してみる。

> (前略)われらが目的を達せんとせば、欽定憲法にてはとてもむつかしいから、別に民約憲法を制定しようという事になり、(中略)毎夜毎夜、その起草について会議をひらき、いわゆる甲論乙駁、そのうちに随分奇抜なる議論もでて、危険なる思想もあったようである。

> 退散するときは、いつも五更に及び、余は少くとも十晩ぐらいは帰途、広町あたりで鶏鳴をきいた。（中略）かくの如く毎夜毎夜議論研究しても意見一致せず、思想まとまらず、又法文になれず、とても作成すること能わず、ついに東京の友人矢野俊〔駿〕雄に起稿を依頼した。矢野はこれを受諾し、その後何か月か相たち、矢野より民約憲法草案を贈ってくれた。いずれ粗雑なものであったろうが、今所在がわからざるは、余の遺憾とするところである。

奇抜で過激な主張をする者も出て、議論は毎夜、午前三時過ぎまで及んだという。徹夜に近い議論である。しかし、「意見一致せず、思想まとまらず、又法文になれず」、結局、草案は作成できなかったと松山は述べている。

ところが、近年の研究によって、相愛社では実は草案がまとまっていたことが判明している。松山が言うように、結局、在京熊本県人の政治結社に参加していた東京共同社の矢野駿雄に協力を依頼することになった。矢野は、八〇年の国会期成同盟第二回大会に熊本県有志一六〇名の総代として名を連ねた人物である。最初に矢野の考えた「憲法草案」ができあがり、それをもとに相愛社員が種々討議し、最終的に「相愛社憲法草案」としてまとめていたことを、水野公寿が明らかにしている。この二案とも東肥新報に掲載されていたという。

以上のように、国会期成同盟の呼びかけを受けて、全国各地で憲法起草運動が活発に展開された。しかし、国会期成同盟の合議に応えて起草に取り組んだ各地の結社の実態は、『松山守善自叙伝』の記述のようなものであったと思われる。途中で挫折して諦めてしまったところが大半であっただろう。五日市憲法のように、成案の形にまで漕ぎ着けた憲法草案は稀である。では、五日市ではなぜそれが可能であったのか。次節では、五日市の結社に焦点を当てて、それを可能にした民権運動の実態をさぐってみたい。とくに「学芸講談会」と「学術討論会」の二つの結社についてみていこう。

第三節　五日市の民権運動

五日市学芸講談会

五日市学芸講談会は、一八八〇年（明治一三年）四月頃に結成された「五日市嚶鳴社」を核にして、翌八一年に発足したとみられる。五日市嚶鳴社は「朋友相会して、学術を研究する」ことを目的とし、毎月六日に、「東京より相当の学士を聘し、講談」を行ってもらうと社則にある。嚶鳴社から知識人を招聘して、講談会を催していたのだろう。その組織が、八一年になって「五日市学芸講談会」に発展した。嚶鳴社の下部組織から離れて、五日市独自の結社としてスタートしたのである。

会の目的は「万般の学術上に就て講談・演説或は討論し、以て各自の智識を交換し、気力を興奮せんことを要す」(第二条)とある。知識の交換もさることながら、「気力を興奮」させることを目指している点が注目される。第三条に「現今の政事、法律に関する事項を講談論議せず」とあるのは、前年の八〇年四月五日に太政官布告として出された集会条例に抵触しないことを目論んでのことである。

集会条例が発布されたことで、大勢人を集めて政治や法律に関し講談論議する集会を開くには、開催の三日前までに所轄警察署へ、演説者の氏名、住所、会場、日時を届け出て認可を受けねばならなくなった。会で講談演説討論するのはあくまで「学術」上の問題であって、政治や法律ではないという表現はカモフラージュである。政府による弾圧を逃れたいとの意図が伝わる。集会条例は、軍人や警察官に加えて、官立公立私立学校の教員生徒の参加や加入を禁じた。五日市の勧能学校の校長や教員もメンバーであることから、集会条例はかなりのダメージになるはずであったが、カモフラージュが功を奏したか、五日市で憲法起草に取り組んでいた時期に、解散や拘束、あるいは逮捕者が出た記録はない。

会の規則によれば、活動は、年六回、奇数月に一回ずつ、他所から講師を招聘して講談演説会を開くとなっている。会員の知識を少しでも高めようと、必要な書籍を購入して、会員なら誰でも閲覧できるようにしていた。また、市日がもっとも集まりやすかったのだろう、例会は毎月の市が立つ「五の日」の開催となっている。規則どおりであれば、かなりの頻度で開かれていたことになる。会員の資格は「品行を方正にし、世の信に背かざらんこと」が求められ、入会するには会員の紹介が必要で、最終的には幹事の承諾を得て正式会員となれた。会費は毎月一〇銭、他に臨時費もある。無断欠席六か月以上の者は退会者とみなされた。

一八八一年七月に、学芸講談会主催で開催された演説会の様子が新聞に報じられている(「東京横浜毎日新聞」七月七日付)。それによれば、この日の講師は中島信行で、「自由権利を拡張せずんばある可らず」という題で演説があった。「満堂拍手の音、喝采の声暫しは鳴りも止まず、余程の盛会にて、黄昏頃何れも歓を尽して退散せり」という状況が伝えられている。このときの中島の演説を、千葉卓三郎は備忘録に書き記している。要約してみると、次のようになる。

> 諸君がこうして懇親会を開き、私を招いてくれたことに感謝したい。私から一言諸君に献上したいことがある。今の世の中、ぼうっとしてよく見えていない人がすこぶる多いのではないか。我が日本も開闢以来、昏迷の域にあり、長眊を貪って未だ夢の醒めない人が多い。どうしてなのだろうか。国会が開かれていないことに因があるのではないか。(中略)

我が同胞の有志たち、いまこそこぞって、速やかにこの緊要急務なる国会の長眊貪夢を攪破し、国民の権理を振起し、自由を伸暢し、国会を開設し、憲法を確定し、我が三千有万人の同胞兄弟の天賦固有の権理と自由を恢復し、国権を拡充し、国光を四海に耀かさせんことを願うものである。（中略）長い間眠っていた民権、自由、国会、憲法なので、研究に取り組まなければならないが、一人二人の小勢では無理であるが、大勢一致団合して尽力すれば必ず設立し、望みを達することができる。私もここに来てみて、こんなに多くの同主義者がいることを始めて知った次第。それはまた欣喜忭躍、嚢中にかくれていた珠玉を拾ったような気持ちである。私もこの目的に向かって諸君とともに、励精進取すること願うばかりである。

中島の熱い演説を聞いた聴衆は百名ほどもいた。五日市のメンバーのうち永沼、千葉、深沢、佐藤、伊東の五名は、中島の演説より前に自分たちの意見を述べるために、それぞれ演説したとも報じられている。千葉も含めて中島の歓迎演説であったとみられる。ちょうど五日市憲法の作成過程に重なる時期であることを考えると、中島の「民権、自由、国会、憲法」という演説に喝采が起こったであろう。筆をはしらせながら聴く千葉は、どんな思いであっただろうか。ところどころでうなずき、拍手をしただろうか。中島の演説に大いなる力を得ただろう。

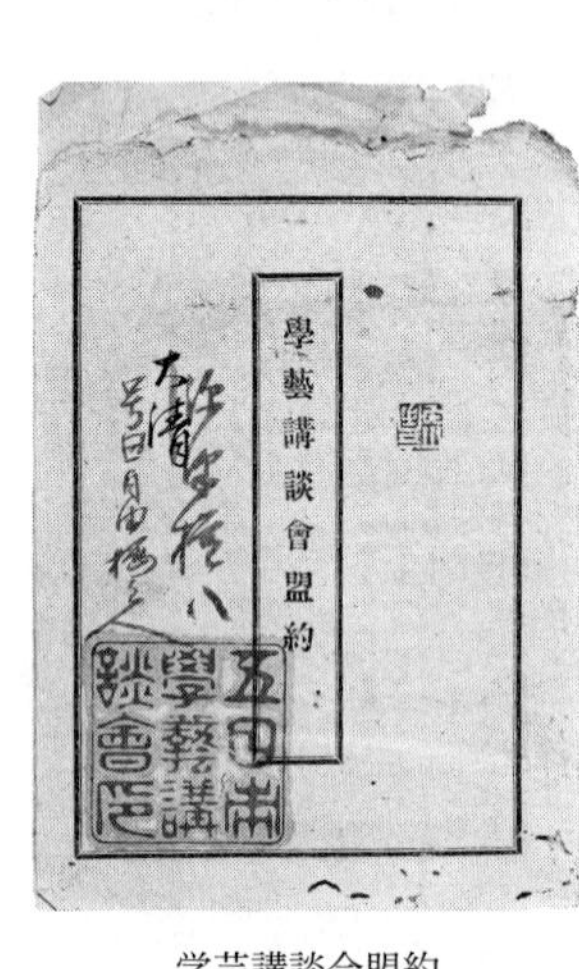

学芸講談会盟約

この演説があった八か月後の一八八二年三月、学芸講談会は、それまでの規則を盟約に変更した。組織拡大を図ったようである。本部のほかに支部を設け、例会も「五の日」から「一の日」に変更している。また、遊説委員を新しく任命し、各地に派出させた。さらに、役員の名称を「幹事」「書記」から、「正副名主」「年寄」「勘定方」「組頭」と前時代風に変更している。最近まで使っていた名主や組頭という名称の方が、村社会の中では通用しやすかったのではないか。幹事といわれても、ピンとこなかったのかもしれない。

この改組では、会員の相互扶助制度の充実など、会員同士の結びつきの強化を図っている。たとえば、次のような附則がついた。「わが会員は倶に自由を開拓し、社会を改良するの重きに任じ、百折不撓千挫不屈の精神を同じくする兄弟骨肉なれば、特に互に相敬親和すること、一家親族の如くなるべし」。また、「会員は互に艱難相救ひ、緩急相援け、疾病災変の事あれば相互に慰安すべし」と続く。お互い親子兄弟のような関係を維持し、一家親族のようにして自由の開拓と社会の改良に取り組んでいくこと。その際、会員はどんなときも互いに助け合うこと。会員が他から被告として訴えられたときには、会員のなかの法律に明るい人物と対応を協議すること。起訴されるようなことがあれば、その調停、和解、審理裁判をサポートすること。もし汚名不徳の流言や物議を醸すことがあれば、当事者の立場に立って支持すること。このように、規則から盟約への変更により、会員間のより一層の信頼強化を図っている。

会員名簿は発見されていないが、残された資料から少なくとも三九名の出身地は確認できている。内訳は、五日市町が八名、周辺村が二〇名、宮城県五名、秋田県一名、福岡県一名、横浜一名、上川口村一名、青梅町一名、不明一名という構成である。他県と他村が四分の三を占めており、相互扶助が一層必要だったのかもしれない。こうした緊密な結びつきが、五日市憲法の起草を支えていたと考えられる。

五日市学術討論会

さらに、もう一つの結社の存在を忘れてはならない。「五日市学術討論会」である。規約の第一条にはこうある。「討論会は政治、法律、経済其他百般の学術上、意義深遠にして容易に解し能（あた）はざるもの、及び古来其説の種々にして、世人の往々誤解し易き事項を討議論定す」。この学術討論会ではあえて政治、法律の問題を取り上げ、それも意義が深く、簡単には理解しがたいもの、あるいは古くから諸説があって、世間の人が誤解しやすいテーマをあえて選ぶとある。そういうテーマを討議しあい、最後に会員皆で論定するのだという。会は毎月三回、これもまた、市が立って多くの人々が五日市に入ってくる「五の日」を選んでいる。

討論会の進め方がユニークである。傍聴は禁止、持ち時間は三〇分と時間制限を加えたうえで、発議者にまず意見を述べてもらう。次に、その発議者に賛成する者が登場し、持ち時間一〇分以内で賛成意見を述べてもらう。さらに他の議員一名ずつが自分の意見を述べ、最後に、最初に登壇した発議者に、これまでの議論を聞いたうえで、答弁してもらう。その際に新規の論旨をあげて答えてはいけない。あくまでも最初に掲げた論旨で、自分の意見を貫いてもらう。

発議者はその場での賛否両論を聞いているから、できれば別の論理も使って応じたいところだろう。だが、それは許されない。発議者の答弁については、議長が最後に問題点を整理し、会員の起立をもって決着をつける。会員には「専ら虚心平意を旨とし、決して暴慢の行為ある可らず」と、激昂や興奮を戒めている。あくまでも冷静に議論をたたかわす場となっていたようである。

学術討論会でのこうした議論は、今でいうディベートに近いものであろう。お互いの意見をたたかわせることによって、物事を論理的に整理し、事理の道筋を明らかにする思考力の養成を目指したのではないか。当然ながら、「意見の対立」がなければ討論にはならないので、テーマは諸説あるものを選ぶ必要があった。

討論会概則は、元勧能学校教員の斎藤忠太郎から、横浜の結社・顕猶(けんゆう)社の規則を手に入れ、それを見本にして作られたようである。同じようなスタイルで討論を磨いていた民権グループもあり、五日市の討論会だけが特に優れているわけではない。しかし、こうした規則を定めて実践していたとすれば、論理的思考は鍛えられ、相手の話もよく聞きながら、自分の言葉で自己表現ができる、そうした能力の開発に大いに役立ったであろう。これを繰り返せば、自ずと議論のレベルは上がっていったはずである。

討論題集

深沢家の土蔵から発見された文書に、深沢権八(ごんぱち)が書き残した「討論題集」がある(同じ内容の「討論題集」はもう一つ、別の家からも発見されている)。学術討論会での討論題が六三項目にわたって記されている。この会で討論すべきテーマは、先に引いたように「意義深遠にして容易に解し能はざるもの」で、「古来其説の種々にして、世人の往々誤解し易き事項」ということなので、それに該当するものがいくつも見られる。

もっとも象徴的なテーマが、「不治の患者が苦痛に堪(たえ)かね死を求むる時は、医員立会の上、之を薬殺す可しとの明文を法律に掲ぐるの可否」である。安楽死を認めるかどうかの議論だが、今日でも容易に結論の出ない問題であろう。他にも「女戸主に政権を与ふるの利害」「女帝を

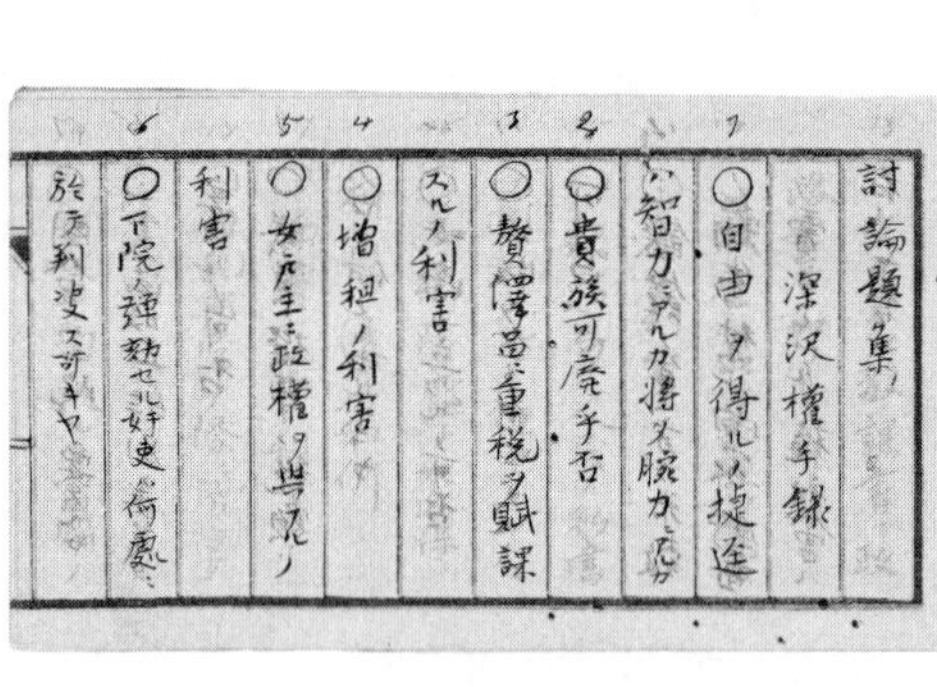

討論題集
深沢権手録
○自由ヲ得ルノ捷逕
智力ニアルカ将タ腕力ニ在ルカ
○貴族ヲ廃ス可キ乎否
○贅沢品ニ重税ヲ賦課スルノ利害
○増租ノ利害
○女子ニ政権ヲ与フルノ利害
○下院ニ弾劾セル奸吏ハ何処ニ於テ判決ス可キヤ

討論題集

立つるの可否」「外教侵入の利害」「人民武器の携帯を許すの利害」など、まさに学術討論会にふさわしいテーマがある。

ただし、討論の筆記録などは見つかっておらず、実際に討論が行われたのかどうかは明らかではない。しかし、当時の民権派新聞に同じ題での討論の記録が掲載されていることなどを考えると、五日市の人々に、自分たちもこれらの論題で一度は討論してみようとの意欲があったとも推測できる。また、討論題集には、「国会は二院を要するや」「憲法改正には特別委員を要するの可否」「上院議員の人数年限選挙区域如何」「条約締約権を君主に専任するの利害」「議員の権力に制限を置く可否」「陪審官を設くるの可否」など、五日市憲法の条文に直接つながる論題もある。憲法起草にあたっては、この討論会での白熱した議論と、最後に議定した結果を意識して、それを活かしたとみることもできよう。

ここで、五日市の学術討論会にかかわる、興味深い史料を紹介しておこう。一八八一年(明治一四年)六月七日付、深沢権八に宛てた千葉卓三郎の手紙である。千葉の率直な気持ちが表れているとともに、討論会の状況や人々の雰囲気がよく伝わる。

吾輩が五日市有志会に於ける予めの景況を想像して、左の六条を君に聞す

一、演説は君と土屋兄弟のみとなるべし、或は佐藤、伊東、永沼、吾一等も時々矩合（ママ）にて為すことあるべしと雖ども、吾一其他は持論なく、精神なく、専ら村だち気配の者のみ多ければなり

二、討論は順論毎に敗れて、逆論勝を占め、衆偶（ママ）挙て論者の顔色に目を注ぎ、正理を棄て不理を取り、理に党せずして人に党し、理に賛せずして人に賛し、理非其地位を転倒し、理は非に決し、非は理に決するに至る可し、蓋し土勘を除く外は、悉く逆論を好むの士多ければなり、況や君御親子が揃て率先して不理を賛成し、或は其動議を起すに於てをや、仰ぎ冀くば、反対論者に乏を憂へず、必ず君御親子が率先して正理を賛成し、或は動議を起し、以て後進者の先入をして誤らしめざらんことを

三、表向の法律、政事書は読むも、深奥の経済、兵法に至りて、一人も之を講ずるものなきに至るべし、何となればアジア気風の人多ければなり

四、拙工詩文、下手書画の巣窟となるべし

五、吾一は変じて無鳥郷の蝙蝠天狗と化し、益々法螺を吹き鳴らし立つべし、稲彦毎に賛

成し、誰れも之を挫くものなかるべし、蓋し彼れが本籍、成立、素性、教育、其他、岩佐よりの仕入、年限等も詳知するものなければなり、而して之を詳知するものは独り吾輩のみ、吾輩去る、誰か彼の小慧を知るものあらん、然れども或は君子の眼識は小人之を欺く可らず、土勘、深名其人の如きは、夫れ予め前に見る所あらん歟

六、吾輩去て後ちは、吾一、稲彦等の如きも講談討論に出会すべし、蓋し、彼等が最も忌み嫌ふ所の吾輩居らざればなり（彼等が幾何力を尽すとも、吾輩の前にては大口を開く能はざる者なり、彼等一時の僥倖にて此地に威張るも、やがて国に帰りたらば再たび吾輩の命を奉じ、吾輩の教を請ふ[に]至るべし）、大山は土壌を譲らずと、若し出会せば懇に誨導し玉はんことを

深沢村壱番地　権八深澤君貴下　御親展之後、御焼却を請ふ

六月七日　千葉卓三郎　劇症苦悩の後相　認　候故、必ず他言し玉はず、唯君の心裡に秘して他日の現蹟に照し玉はん

千葉は一時期、五日市を離れ、同じ神奈川県北多摩郡奈良橋村（現東京都東大和市）の鎌田家を頼って移住し、演説会などに関っていた。自分が出席していない討論会の状況を思うと心配である。いくつか君に忠告があるので伝えておく。そういう趣旨で書かれている手紙である。

千葉の忠告とは第一に、演説は若手のホープの権八と、先輩の土屋勘兵衛と常七兄弟の三人

だけにせよ、ということである。その他の者たちは「持論なく、精神なく、専ら村だち気配」が多いので心配だという。「村だち」というのは気分に斑（むら）があり、確固とした持論も精神もないということだろう。

忠告の第二は、たとえ賛成者が少なくとも、深沢父子が率先して正しい道理に賛成を表明し、あぶないようなら動議を起こして、後に続く者が道筋を誤らないようにせよ、というものである。悪くすると、討論はまともな順論がその都度負け、逆論が勝ちを占めるようになってしまうだろう。みんなが論者の顔色をうかがい、正しい理論を捨ててしまう。結局は「理に党せずして人に党」し、「理に賛せずして人に賛」するようになってしまうだろう。村社会の中のヒエラルキーが支配するようでは、理非が逆転してしまうことにもなりかねない。五日市のメンバーでは、土屋勘兵衛以外、ほとんどが逆論を好むから余計に心配だ。深沢父子が率先して不理に賛成することにでもなれば救いようがない。

深沢権八

千葉は、学芸講談会や学術討論会での議論をこのように冷静に見ていた。メンバー一人ひとりの言動を日頃から正確にとらえ、だからこそ、自分が不在の討論会の状況を憂えている。自分がいなくなったら、この会はいったいどうなるのだろうか。まともな会として続けていけるか。そう心配しているのである。逆にとらえれば、討論会で指導的役割を担ってきた千葉の強い自負心が表れている。地域社会の中での人の位置や役職名にとらわれて、人をみて賛否の結論を導き出しがちな会の現状に対して厳しい目を注いでいる。千葉の存在がいかにこのグループにとって大きなものであったかがわかる書簡である。この地で憲法起草に到達できたのも、千葉と在地の人々との間に築かれていたこのような人間関係が、討論のレベルを上げ、緊張関係を維持していたからといえる。

その千葉の忠告を活かしてか、一八八二年(明治一五年)には、組織固めともいえる学芸講談会の改組が行われている。会を六組の組合に分け、それぞれの組合員は総会で審査して決める。横並びの組合に分けることで、お互いが競い合う組織に変え、会全体の活性化を図ったのである。五日市には学芸講談会と学術討論会以外にも、一八八六年(明治一九年)までに、五日市嚶鳴社、建極党、交進会、憲天教会、協立衛生義会、英語学会などの多種多様な結社も誕生している。このように五日市憲法誕生の土台には、自由民権の理念を体現するべく積極的に活動する、五日市の民衆の自主の精神があった。千葉卓三郎という一人の優れた人物の存在だけでは、憲法起草は成らなかったとみた方がよいだろう。

第四章　千葉卓三郎　探索の旅へ

第一節　卓三郎追跡

やり残した課題

学部学生の多くにとって、卒論は最初で最後の論文である。無事提出にまで漕ぎ着ければメデタシメデタシとなる。私の卒論のテーマは、一九六八年八月二七日の深沢家土蔵調査で出会った憲法草案の解読と分析に急きょ変更になった。提出の締切りまで約三か月。卒業するためには、ともかく間に合わせなければならない。したがって、起草者の「陸陽仙台　千葉卓三郎」なる人物の探求は、時間がなくて後回しにせざるをえなかった。正直なところ、憲法草案の解読とその分析を最優先に取り組むことだけで精一杯だった。

テーマの再設定からわずかの時間しかなかったが、私を入れて五名の同期生は、必死に取り組んだ。研究室に泊まり込んだことも一度や二度ではない。いま振り返ると、あのときほど夢中になって物事に取り組んだことはなかったかもしれない。私の大学時代で最も充実した時間だった。しかし、提出日にはなんとか間に合ったものの、論文として完成には程遠い状態であった。

納得がいかない私は、教授に論文の加筆修正を願い出た。締切りに追われながらの執筆であったことを教授は理解してくれて、一度提出した卒論を手元に戻してもらい、加筆修正することを許してくれた。本来ならば認められないことだろう。二月にはゼミ恒例の冬のスキー旅行がある。そのときまでに済ませるようにとのことであった。幸いにも私は、三年次までに卒業に必要な単位をほぼ取り終えていたので、九月以降の後期授業は受講しなくて済んだ。年末年始も返上して、深沢家文書と格闘しながら卒論の最終完成に取り組んだ。数か月間の生みの苦しみともいえる悪戦苦闘の連続は、まさに苦行の日々だったが、私自身の中では充実感にあふれていた。短期決戦の執筆であったが、最後までやり遂げた達成感は大きかった。

しかし、やり残した課題もまた大きかった。その最大のものが、「陸陽仙台　千葉卓三郎草」と憲法草案の最初に記された謎の人物の探求である。「草」とあるのだから、草案の起草者であることは理解できた。しかし、「千葉卓三郎」とは何者なのか。皆目見当がつかない。教授は三多摩地域の自由民権運動研究のパイオニアであり、かつ第一人者である。当然御存知だろうと思って最初に質問したが、案に相違して、「知らない。これまで一度も見たことのない名前だ」という返答であった。五日市にお住まいの郷土史家にも聞いてみたが、同じ答えが返ってきた。つまり、「千葉卓三郎」なる人物は、三多摩地域の歴史上、初登場の人物ということになる。謎は一層深まるばかりだった。

雑文書に目を向けよ

草案の読み解きが最優先とはいえ、「千葉卓三郎」なる人物の掘り起こしも進めるべきなのは明らかだった。そこで私は、草案の解読作業のかたわら、深沢家文書の中に何か手がかりがないか確認も進めることにした。

その際に教授から「雑文書に目を向けよ」とのアドバイスを受けた。史料というものは、文書そのものから内容が判断でき、分類して目録がとれるものばかりではない。一枚だけだったり、欠損していたり、くちゃくちゃになったりしている、通称、「雑文書」と呼ばれるものもある。史料整理をしていると、どうしても分類できない史料が出てくる。それらはついつい、雑文書に仕分けられることが多い。ところが、そういう雑文書にこそ実は、大事な手がかりになる水脈がある。それがないか探してみろ、ということであった。

私は早速、深沢家文書の中の雑文書の山と向き合い、悉皆(しっかい)調査に取り組むことにした。ほとんどの文書が、蔵に収められたまま、百年近く誰も手に触れなかったものである。ネズミに荒らされて原型をとどめないものや、紙魚に食べられて欠損したもの、湿気の影響でバリバリに固着している文書など、相当数の判読不能の雑文書があった。

何か一つでもヒントがないか。まさに眼を皿のようにして、一枚一枚、一点一点確認していった。根気のいる仕事で、かなりの作業時間がかかったが、その山の中から、ぐちゃぐちゃに折り曲げられた一枚の小さな文書を見つけた。意味不明として迷うことなく雑文書に入れられた史料であった。その紙片には、このように書かれていた。

第二百九十四番　合判　宮城県　陸前国宮城県下小四区三百十三番屋敷
士族千葉利八　養母　定　第六十三歳　弟　千葉宅三郎　第二十歳
壬申六月廿二日

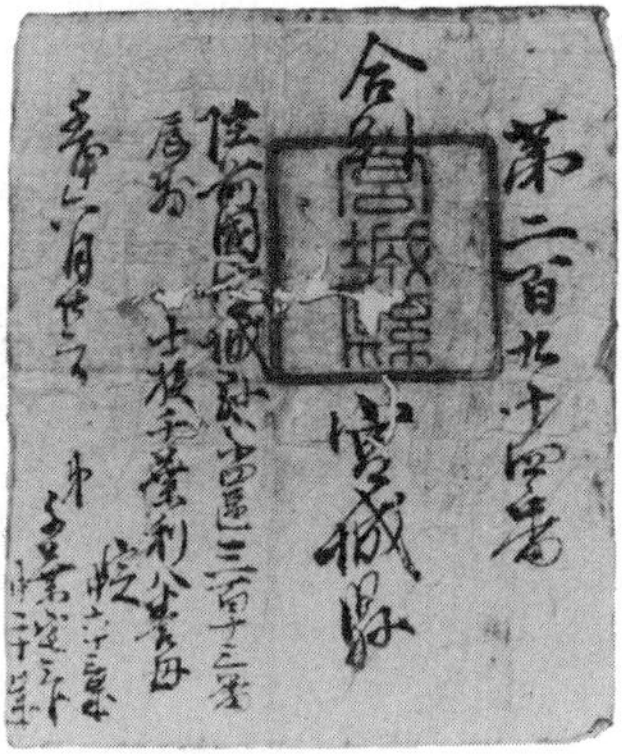

宮城県発行の証明書

形は縦が少し長い四角形だが、真ん中に宮城県の角印が朱で押印されている。「壬申」とあるので一八七二年（明治五年）の史料で、士族の千葉利八という人物との関係を示している。利八の弟にあたるのが「千葉宅三郎」で、養母の名前は「定」であるという。正式な名称は不明だが、交通手形のようなものであろうか。生地宮城県を出るときに、身分証明書として県が発行したものかもしれない。「宅三郎」とあるが卓三郎のことだろうと推測できた。憲法草案以外で初めて見る、千葉卓三郎に関わる史料であった。やっと一枚、千葉に関わる史料に対面することができたのである。

この時点では、今後どれだけ時間がかかるか全く見当もつかなかった。私の千葉卓三郎探索の旅は、この史料との出会いがスタートラインとなったのである。

第二節　戸籍を求めて

仙台へ

糸口と思われたのは「陸前国宮城県下小四区」という地名であった。しかし、小四区とは宮城県のどこだろう。皆目見当もつかない。一八七一年(明治四年)に戸籍法が制定され、県内を番号で示す区画制が実施され、翌七二年の壬申戸籍と大区小区制につながることまではわかった。そこでまず、研究室の副手だった江井秀雄氏とともに、ともかく東北に行ってみることにした。さきにも紹介したが、江井氏は長らく未確認であった嚶鳴社草案を発見した人である。色川ゼミの二期生で、私の卒論研究にも何かとアドバイスしてくれる、良き兄貴分であった。

江井氏と二人で向かった最初の目的地は仙台市役所である。何の当てもなく向かった先であったが、着いて早々収穫に恵まれた。面倒な願いにもかかわらず、市役所の職員の方が真摯に応じてくださり、当時の小四区は宮城県北部の「栗原郡志波姫町」という地域に該当するのではないかと教えてくれた。一気に眼前が晴れた思いであった。これは行くしかない。そのときは地名の読み方さえ知らなかったが、江井氏と喜び勇んで車に乗り込んだのを憶えている。

江井さんは東京から仙台までの六時間、一人でハンドルを握ってくれていた。その江井さんは「果たして卓三郎を知ることのできる史料は見つかるだろうか」と不安な思いを抱きながらの運転だったと後に述懐しているが、助手席にいた私は、志波姫に行けばすぐにも千葉の御子孫に会えるだろうと、どちらかというと楽観的な期待感をいだいていた。当時はまだ新幹線も東北自動車道も通っていない。私たちは一般道をひたすら北上していった。一九六八年一一月一九日のことである。

志波姫町へ

米の収穫も終わった穀倉地帯を北東へ向かい、志波姫町の役場に着いたのは午後四時を回っていた。この時間では役場の中は人気もほとんどない。そろそろ仕事の片づけを始めようかという時間帯だった。おそらく「闖入者、現る」といった感じで受け止められたのだろう、役場の方たちからは最初怪訝な顔をされたが、事情を説明すると全員が立ち上がって応対してくれた。

「この辺は千葉姓が圧倒的に多いんですよ」。まず言われたのが、そのひと言である。千葉姓が多いということは、そうそう簡単には見つからないことを意味する。どこまで古い戸籍が残っているかが勝負だったが、「ともかく調べてみましょう」と戸籍課の職員が案内してくれた場所で、私たち二人は驚いた。そこはなんと、古い戸籍の現物が保管されている場所であった。通称「壬申戸籍」と呼ばれる、一八七二年(明治五年)に日本で最初につくられた戸籍が保管されていた。壬申戸籍は、ちょうどその年(一九六八年)の三月、被差別民を差別的な表現で記載した戸籍が残っていることから、法務省からの通達により閲覧禁止となった公文書である。幸運なことに、志波姫町役場ではまだ手続きが完了していなかった。

私たちは、直接見てもよいと、思ってもみない閲覧許可をその場でいただいた。役場文書としては永久保存となっている、その古い年代物の分厚い戸籍簿を直接手にしながら、丹念に頁を繰っていった。案の定、簿冊には千葉、千葉、千葉と千葉姓が延々と続く。なかなか本命の千葉にたどりつけなかったが、数十分かかったであろうか、これだという戸籍にぶつかった。「宅三郎」とあるが、「卓」と同じ音であることから、これが千葉卓三郎の戸籍であろうと推定できた。

その戸籍から次のことがわかった。卓三郎の父は宅之丞(たくのじょう)といい、卓三郎自身の本名は「千葉宅三郎」、生まれは嘉永五年(一八五二年)六月一七日、死亡したのは明治一六年(一八八三年)一一月一二日。氏神は白山社、宗門は曹洞宗大光寺、白幡(しらはた)村弐百二十番地居住、身分記載は「平民農」とあった。また別の簿冊には、明治五年の時点で千葉卓三郎はこの地に不在であり、母の定(さだ)は、同年一〇月に六三歳で死去していたことが記されていた。

深沢家の土蔵で草案に出会ってから約三か月、千葉の本籍にたどりつくことができた。私のなかで、この千葉家を訪ねれば御子孫に会えるという期待が膨らんだ。ところが、役場の職員が除籍簿で確認してくれたところ、意外な結果が待っていた。千葉が死亡した明治一六年の一二月、千葉家では同村の菊池四郎太の長女「ともえ」を養女にしたが、翌一七年には籍が抜かれ、同じ年に仙台区東七番丁の広田隆友の次女「はるぢ」を入籍させていた。そして、二年後の明治一九年には、宮城県牡鹿(おしか)郡石巻(いしのまき)村(現石巻市)に転籍していたのである。

志波姫町は千葉姓の多い土地であったが、ここにはもう卓三郎の子孫はいない。一緒に調べてくれた職員の方もしきりに同情してくれたが、こればかりはどうしようもない。期待が大きかっただけに、私は体の力が一気に抜けてしまった。だが、手がかりはまだ残っていた。転籍先の石巻である。ただ、気持ちはすぐにも石巻に行きたかったが、追跡劇はここでひとまず幕とせざるを得なかった。東京で草案の読み解き作業が待っていたからである。後ろ髪を引かれる思いで帰京したことを憶えている。

転籍先をたどる

そして、私の卓三郎追跡は、次の段階に進むことになった。東京に戻って翌一二月、私は石巻市役所宛に、これまでの経緯を詳細に記した手紙を出し、千葉家の追跡ができる戸籍の調査をお願いした。仕事納めの日も迫る一九六八年一二月二六日、石巻市役所民生部市民課登録係の人から返事が来た。それによると千葉家は石巻から、さらに転籍していることがわかった。手紙によれば、明治二三年(一八九〇年)一一月七日仙台市元寺小路(もとてらこうじ)四十番地に転籍しており、その先の足取りをわざわざ仙台市役所に電話で問い合わせてくれたという。石巻からの問い合わせを受け、仙台市役所でも調べてくれて、その返答があったという。一学生からの依頼にここまで丁寧に対応してくれたことに、私は感激するとともに深く感動した。

仙台市役所の調べでは、明治二五年(一八九二年)に仙台市東一番丁に再度転籍した後、太平洋戦争をはさんだ五九年後の昭和二六年(一九五一年)、今度は兵庫県神戸市兵庫区祇園に転籍したとのことだった。千葉家はいま、千葉敏雄さんという方が継いでおられるらしい。神戸市で戸籍を調べれば、千葉敏雄さんが生存されているか、あるいは子の代、孫の代かがはっきりするだろう。兵庫区役所に問い合わせてみてほしいと、石巻市役所の方からの手紙にはわざわざそのように付記されていた。除籍謄本七枚にかかった代金は、係が立て替えてくれたという。なんと親切な職員なのだろう。心にしみる有難さを強く感じた。早速送金すると、「千葉家の現存者、早く見つかると宜しいですね」との添え書き付きで領収書が送られてきた。この追跡の旅を通して、私は何人もの東北の人の優しい心根に触れた。

ただ、ひとつ気がかりがあった。一九四五年七月一〇日の仙台空襲である。この空襲で仙台市の中心部は焦土と化し、一万戸以上の家屋が焼失した。もし千葉家がこの空襲で被災していたら、千葉卓三郎の足跡を知る史料はすでに灰燼(かいじん)に帰した後である恐れもある。史料は果たして残っているのか。一抹の不安を感じながらも、ともかく千葉敏雄さんという方を探し出すことを急いだ。

第三節　子孫との対面がかなう

そして、神戸

追跡の舞台は、思いもよらず神戸に移った。年末年始もあったので、年があけて間もなく、一九六九年一月、私はふたたび、これまでの経緯と追跡過程を記して、神戸市兵庫区役所に問い合わせとお願いの文書を送った。一月一七日、早速、市民課窓口係から返事が届いた。冒頭に「お急ぎのようですので、おたてかえして送付致します」とある。戸籍謄本の写しが同封されていた。石巻市役所と同じく、兵庫区役所の係の人もまた協力してくださったのである。

手紙には、私からの問い合わせのとおり、千葉さんは兵庫区に転籍されており、「現在、戸籍の附票によりますと、当区に住んでおられるようです」とあった。さらに入用ならば住民票も発行するので申し込んでください、と付記されている。係の方が私の希望を先取りして住民票も確認してくれたのであろう。正直に書くが、私は念のため、住民票の発行もお願いした。千葉家の縁者でもない私が、住民票まで断りなく入手することにためらいはあったが、「ここが最後の詰め」という気持ちが勝った。教授がよく言っていた「歴史研究者は墓掘人だ」という言葉の意味を、私はこのとき初めて意識した。一九六九年一月二五日付で、千葉卓三郎のご遺族である千葉敏雄さんの住民票が私の手元に届いた。これで、千葉卓三郎の遺族が、神戸市兵庫区に在住であることが最終的に確認できた。千葉敏雄さんは一八九〇年(明治二三年)生まれで、このとき七九歳になっておられた。

敏雄さんからの手紙

副手の江井さんは電話帳を繰って、神戸在住の千葉姓のお宅に手当たり次第、電話をかけた。そして、何軒目かで敏雄さん宅につながり、敏雄さんがご存命であることがわかった。これで、この追跡劇も大団円を迎えるはずだった。ところが、事はそう簡単にはいかなかった。電話口に出られた敏雄さんの娘さんが、「父はいま入院中で、面会謝絶になっています。お会いするのはお断りします」と言われたのである。

私と江井さんは顔を見合わせた。こういう場合、どうしたらいいのか。どんな病気なのだろうか。面会謝絶ということは重篤なのであろうか。会話はできるのだろうか。思いは次々と悪い方へと向いていく。ここまで追いかけてきたのに、ご子孫に会えずに終わってしまうのか。しかし、病気の人に無理をお願いするわけにはいかない。私と江井さんは、ひとまず電話を切ることにした。

さて、どうしたものか。私は、敏雄さん宛に卓三郎追跡の最後の手紙を書くことにした。深沢家土蔵の開扉から始まったこれまでのいきさつと、志波姫、石巻、仙台、神戸への追跡過程も入れて、面会のお願いの手紙を認めた。果たして返事が来るかどうか祈る思いだったが、まもなく、敏雄さん自筆の返事が届いた。

拝復、御手紙拝見致しました。私、卓三郎様の手紙、履歴書、写真、誰か神父の写真外二、三の史料があります。一度一日を予定してお出で下さい。私本年、七十九才、二十年来の眼病ソコヒ、失明の寸前で読み書きが出来ません。お出での時には、予めお知らせ下さい。

昭、四四年二月十日　剣道範士・居合道範士　千葉敏雄　新井勝紘様

目の不自由なところを無理して書いたに違いない。太いマジックで書いたようで、筆跡は力強く、大きな文字で記されていた。手紙、履歴書、写真。私が求めていたのは、まさしくそういう史料で、手紙を読みながら自然と期待が高まった。娘さんとの電話では遠慮の気持ちが勝ったが、敏雄さんの手紙を読み、ご年齢も考慮すると、今を逃したらチャンスはもうないと思った。「ともかく、行ってみよう」。江井さんの言葉で私は決意した。

病室での対面

「逸る気持ちを前に一九六九年(昭和四四年)三月一七日、春まだ浅い氷雨の降りしきる寒い朝、東京駅を午前六時の新幹線「こだま一号」に乗りました」と当時のことを振り返り、後に江井さんは書いている。それは二人にとって忘れられない旅となった。

行先は神戸大学附属病院南寮111号室である。病室前で、最初の電話口に出られたご息女の千葉若子さんとお会いした。開口一番、「面会はお断りしたはずなのに」と言われた記憶がある。招かれざる客であった。

病室前での私たちのやりとりが聞こえたのか、病室の中から声がして、若子さんが中に入られた。「会ってもよい」との敏雄さんの返事だったようで、私たちは病室内に迎え入れられた。目がほとんど見えない敏雄さんはベッドの上に座り、遠来の私たちを嫌な顔もせず応対してくれた。同行した江井さんの言葉を借りると、「身長は一メートル七〇センチをはるかに超えるがっちりした体格と、肩まで伸ばした銀髪は、さながら幕末の剣客千葉周作を彷彿とさせるほどの隙のない古武士」のような方だった。深沢家の土蔵での出会いから、志波姫、石巻、仙台と回って、ついにここまでたどり着いた。そのことを丁寧に説明した。黙って聞いておられた敏雄さんは、こう言われた。

「卓三郎は偉いことをした人、立派な人だったという話は、母から聞いていた。けれども、何をした人なのか、どんなに立派なことをした人なのかは、一度も聞いたことがない。だから、よく知らないのですよ」

それを聞いて私たちは、千葉卓三郎は当時生活していた五日市で、村の人々と学習や討論を積み重ねて一つの憲法草案をつくり上げた人であることを説明した。そして、その卓三郎がどんな経歴の持ち主で、どのような経緯で五日市に来たのかを知りたくて、ここ数か月追跡してきたのだと話した。迷惑もかえりみず、こうして二人で病室まで押しかけてきたことを深く詫びるとともに、卓三郎について何か聞いていること、あるいは卓三郎に関するどんな資料でもよいので、千葉さんの家に残っているものがあればぜひ見せてほしいと頼んだ。

するど敏雄さんは、そばにいた若子さんに向かって、「あれを出してあげて」と言われた。敏雄さんのベッドの下に箱が一つ置いてあるのが見えた。表に「わが家の宝物」と書かれてい

唯一残る千葉卓三郎(右端)の肖像写真

る。若子さんはその箱の中から大きめの封筒を取り出した。封筒には「千葉家の重要書類　重要文化財である」と記されている。その文字に、私と江井さんの胸は期待にふくらんだ。敏雄さんからの手紙にあった、「手紙、履歴書、写真」のことであろうと察せられたからである。はたして、若子さんの手によって私たちの眼の前に広げられたのは、それらの史料であった。

「これが、千葉卓三郎か！」

初めて見る千葉の顔に私たちは興奮した。ところが、もうひとつの史料、千葉が五日市までたどり着く経緯が詳細に記された履歴書にはもっと驚かされた。幕末期に東北の村で生まれた旧仙台藩の一人の武士が、維新の動乱のなかをどう生き抜いてきたか。戊辰戦争敗戦後の新時代をどのような経歴をたどって、当時の神奈川県西多摩郡五日市にたどり着いたのか。履歴書はそれがひと目でわかる史料であった。敏雄さんはそれらの史料をすべて、病室の中にまで持ってきていたのである。どれほど大切にしてこられたか、敏雄さんの気持ちが察せられた。よくぞ取っておいてくれたと、私たち二人は敏雄さんへの感謝の気持ちで胸がいっぱいになった。

病室での面会に長居は禁物だった。その史料の重要性を急いで説明すると、敏雄さんから思わぬ言葉が返ってきた。「どうぞ、そのまま持っていきなさい」。私たちは一瞬わが耳を疑った。嬉しいのと畏れ多いのと感謝感激で、ここが病室であることを忘れるほどであった。史料は大事に丁寧に扱うことを約束して借り受け、部屋を辞した。深沢家の土蔵で草案を初めて手にした日から二〇二日目のことである。この日は私にとって、生涯忘れることのできない一日となった。この経験は、その後の私の歴史研究の原点になったといえる。

第四節　履歴書の真否

卓三郎の足跡

千葉敏雄さんからお借りした千葉卓三郎の自筆履歴書には、次のように記されていた。

履歴書

出処　宮城県下仙台区新坂通十一番地　士族　千葉利八弟
本籍　同県下栗原郡白幡村二百二十番地　平民

千葉宅三郎

明治十四年四月　二十八歳十ヶ月

一　従来官途ニ奉職致候事無之候

一　文久三年一月ヨリ明治元年二月ニ至ルマデ、仙台ニ於テ大槻磐渓ニ従ヒ業ヲ受ケ、其三月ヨリ九月ニ至ルマデ、軍伍ニ入リ、其十一月ヨリ同二年八月マデ、松島ニ於テ石川櫻所ニ従ヒ医学ヲ為ビ(まな)、其十月ヨリ同三年十一月マデ、鍋島一郎ニ就キ皇学ヲ為ビ、其十二月ヨリ同四年四月マデ、櫻井恭伯ニ就キ浄土真宗ヲ聞キ、同四年六月ヨリ同八年四月マデ、東京駿河台ニ於テ、魯人ニコライニ就キテギリシャ教ヲ学ビ、兼テ魯学ヲ修メ、其五月ヨリ同九年二月マデ、市ヶ谷ニ於テ安井息軒ニ従ヒ業ヲ受ケ、其四月ヨリ同十年一月マデ仏人ウヰグローニ就キカトリック教ヲ学ビ、其二月ヨリ六月マデ福田理軒ニ就キ洋算相修メ、同十年八月ヨリ同十二年十一月マデ、横浜山手ニ於テ米人マグレーニ就キ、プロテスタントノ中ナル、イピスコプァール・メソ・ヂストヲ相学ビ、兼テ同校ノ原書生及米人ヂョン・バラノ原書生ニ漢学ヲ教授シ、其十二月ヨリ同十三年四月マデ、

東京麴町ニ於テ、商業ニ従事シ、其四月下旬ヨリ武州西多摩郡五日市ニ滞在シ、今日ニ至ル

右　相違無御座候也

最後の行が「武州西多摩郡五日市ニ滞在シ、今日ニ至ル」で結ばれているように、幕末に東北で生をうけた男の人生の軌跡が凝縮して記されていた。だれひとり知る人もいない謎の人物の正体が、圧倒的な迫力で迫ってくる史料であった。

履歴書は一八八一年(明治一四年)四月の時点で書かれたもので、「宅三郎」と本名が記され、年齢は「二十八歳十ヶ月」となっていた。同年五月には、卓三郎は一時期ではあるが、五日市を離れ、五日市街道でつながる神奈川県北多摩郡奈良橋村(現東京都東大和市)に生活の場を移している。この履歴書は、その移住に際して必要になったものとも思われる。

履歴書を最初に読んだときの衝撃は大きかった。これだけの学問遍歴や宗教遍歴を重ねてきた人物が本当にいるのかと思った。履歴書のなかの卓三郎は、一人の武士として激動の幕末維新期を生き抜き、維新後は自らの生き方を求めて、各地の異才な師に次々と弟子入りし、学問の修業をし、また宗教に触れる生活を重ねていた。このような経歴の持ち主が、なぜ自由民権運動真っ盛りの五日市にたどり着いたのか。彼の歩んできた人生の軌跡から、私が出会った憲

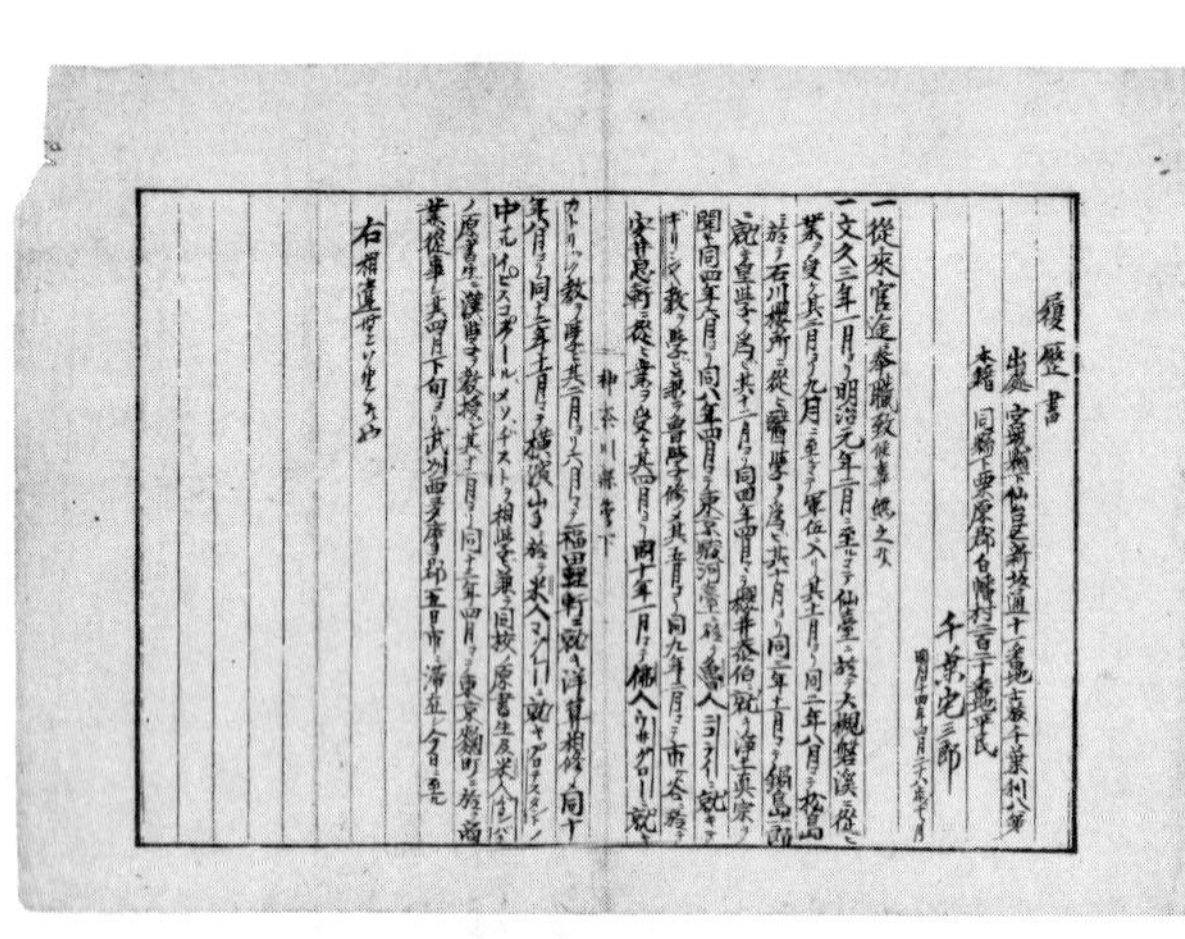

履歴書

出處 宮城縣下仙臺區新坂通十一番地士族千葉利八弟
本籍 同縣下栗原郡白幡村百三十一番地平民
千葉宅三郎
明治十四年四月二十八年十ヶ月

一 従来官途奉職致候事無之候
一 文久三年一月ヨリ明治元年二月ニ至ルマテ仙臺ニ於テ大槻磐渓ニ従ヒ業ヲ受ク其二月ヨリ九月ニ至ルマテ軍伍ニ入ル其十一月ヨリ同二年八月ヨリ松島ニ於テ石川桜所ニ従ヒ醫學ヲ学ヒ其十一月ヨリ同三年十月ヨリ鍋島一郎ニ就キ皇學ヲ学ヒ其十二月ヨリ同四年四月ヨリ桜井恭伯ニ就キ浄土真宗ヲ聞キ同四年六月ヨリ同八年四月ヨリ東京駿河臺ニ於テ魯人ニコライニ就キテギリシヤ教ヲ學ヒ兼テ會學ヲ修メ其五月ヨリ同九年二月ニ至テ市谷ニ於テ安井息軒ニ従ヒ業ヲ受ク其四月ヨリ同十年一月ニ至テ佛人ウイグルーニ就キカトリック教ヲ學ヒ其二月ヨリ六月ニ至テ福田理軒ニ就キ洋算術ヲ修ム同十年九月ヨリ同十二年十二月ニ至テ横濱山手ニ於テ米人マツクレーニ就キプロテスタント中ナルエピスコポール メソヂストノ稍要ヲ兼テ同校ノ原書生及米人宣教ノ原書生ニ漢學ヲ教授シ其十二月ヨリ同十三年四月ニ至テ東京麹町ニ於テ商業従事ス其四月下旬ヨリ武州西多摩郡五日市ニ滞在シ今日ニ至ル

神奈川縣管下

右相違無之候也

千葉卓三郎の履歴書

法草案につながるものは何も見えてこない。私にはそれが不思議であった。

砂上の楼閣

当初、私の中では、ともかくこれで千葉卓三郎の人物像が描けるという単純な喜びがふくらんだ。教授にも、千葉卓三郎はこんな経歴をもつ魅力ある人間であることを喜び勇んで報告した。さらに、千葉は私の想像をはるかに超える人物であり、卒論で研究した草案の分析をもう一歩進めるためにも、この人物を紹介する論文を書いてみたいと相談していた。

ところが、である。教授からの答えは冷静かつ醒めた言葉だった。教授からは即座に賛成がもらえるものと思っ

「確かに、この履歴書によれば大変興味深い経歴の持ち主だ。しかし、一体この履歴書はどこに出したものなのか。履歴書なんて自分を売り込むために書くもので、自分の経歴をオーバーに書くことなどざらだろう。そのまま信用するわけにはいかないのではないか」

さらに「そのまま鵜呑みにして発表して、後で恥をかくのは君自身だからね」とも言われ、履歴書に書かれていることを実証せよと締められた。ガツーンと一発殴られた気分だった。言うまでもなく、歴史研究にとって史料批判と実証は基本中の基本である。いまさらながら、研究者の基礎をたたきこまれたわけである。

ただし、教授の言葉はそれで終わらなかった。

「この履歴書が出てきたことで、君の卒論は〝砂上の楼閣〟に終わったね」

さらにキツい一発であった。確かに私の卒論は、憲法草案の分析を優先させたため、起草者である千葉卓三郎の解明は後回しになった。したがって、この履歴書の内容は、私の卒論にはまったく反映されていない。私が卒論で描いた千葉の人物像が推測の域を出ていないのは明らかだった。当然ながら、この履歴書の内容を把握していたなら、もっと違った人物像を描いていただろう。しかし、「砂上の楼閣」とまで言われては、さすがにショックは大きい。論文全体の屋台骨が揺さぶられる思いがした。だが、それと同時に「なにくそ」という負けん気も頭をもたげてきて、千葉卓三郎の履歴書の実証研究に挑戦する意欲が、私の中でふつふつと湧いてきた。

千葉の足跡をたどり、歴史学的に一つひとつ実証していく仕事は、いったい何年かかるのかわからない。先の見えない研究になるかもしれないが、挑む価値は十分にあると私は思った。それは、あの土蔵の中で最初に憲法草案を手にした私の責任でもあるだろう。勝手な思い込みかもしれないが、私は研究を継続する決意をした。

履歴書の足跡をたどる

研究を続けるには、通常ならば大学院進学という選択肢がある。しかし、私には大学進学時に二年間の浪人生活をしていた回り道の過去がある。一年だけ許されて予備校通いをしたが、二年目は仕事に就かざるをえなかった。当時、国立大学二期校であった東京都調布市にある電気通信大学事務局の会計課職員として、一〇か月近く公務員生活をおくった末の大学進学であった。卒業を心待ちにしていた両親に、これ以上無理は言えない。それに東京経済大学には当時、まだ大学院は設置されておらず、指導を受けた色川教授に継続して教えを受けるチャンスもなかった。そういうわけで、大学院への進学意志はなかった。

しかし、悪戦苦闘の卒論執筆を通して、研究への思いはいやがうえにも増すばかりだった。そこで、なんとか仕事をしながらでも、自分の研究を継続できるような職がないか探すことにした。ところが、そんな都合のよい就職先がそうそうあるはずはない。時間ばかりが経過していくうち、大学の就職課からなぜ相談に来ないのかと連絡が来たこともあった。

　年を越して一九六九年になり、教授から声をかけられた。東京の町田市が市制一〇周年記念事業として「町田市史」の編さんに着手している。そこで常勤の嘱託職員を一人募集しているとのことだった。教授は当時、町田出身の民権家、村野常右衛門（つねえもん）の評伝を執筆していた。町田といえば、三多摩自由民権運動の拠点地の一つである。北村透谷（とうこく）研究から多摩地区の民権運動研究に移ってきた色川教授の、まさにど真ん中のフィールドでもある。ゼミの先輩も仕事をしていたこともある。私は迷うことなく応募した。

　採用が決定したのは、卒業式まぢかの三月である。私にとって、町田で歴史編さんの仕事ができるのは願ってもないことだった。結局、それから一九九〇年まで、途中からなった正規の職員時代も含めると二二年間、地方公務員としての生活をおくることになった。市史編さんの仕事は八年ほどで終了したが、その後は町田市の歴史に関わる仕事をたったひとりで継続して取り組んだ。この間、個人的には、一九八〇年頃から始まった自由民権百年記念全国実行委員会の事務局の一員としてかかわり、地元の町田や多摩地区でも、武相民権運動百年記念実行委員会のメンバーとして民権運動の掘り起こしに取り組んだ。民権家の子孫の家を訪ねて聴き取りや文書調査なども実施し、自由民権ゆかりの地を歩く会なども企画した。

そんななか、さきほど少しふれた町田の民権家、村野常右衛門のご子孫の方から、自由民権期の結社「凌霜館」のあった土地の寄贈話が、市役所に持ち込まれた。村野家からは、市域の次世代・子どもの世代に、町田で起こった自由民権運動の歴史をきちんと伝えていってほしい、とのご希望をうかがった。有効につかってくれるなら土地を寄贈したいとの申し出だが、「君はどう思うか」と上司から尋ねられた。もちろん、寄贈を受けてほしいと答えた。

用途についてはいくつか案が出たが、最終的には、歴史資料館を設立することに決まった。河野広中の出身地、福島県三春町にある自由民権記念館に続いて、全国で二番目の自由民権運動専門の資料館建設にこぎ着け、私がその責任者に指名された。一九八六年のことである。館の構想から始まり、建物の設計や建設業者との交渉、さらに常設展示準備やその実現、企画展示の立案など、専門職は私ひとりというなかでオープンに向けて取り組んだ。

資料館での仕事と並行して、私は五日市憲法の研究と千葉卓三郎の追跡をこつこつと続けた。その後は、縁あって国立歴史民俗博物館に研究職として移り、さらに幸いにも専修大学で自分の研究室をもつことになった。その間もずっと変わらず、五日市憲法の研究を継続し、気がつけば五〇年もの歳月が流れていた。あっという間の五〇年であったが、五日市憲法は、まさに私のライフワークとなった。一九六八年の夏、深沢家の土蔵で憲法草案を偶然手にした日から、私の人生はつねに千葉卓三郎とともにあった。そう言っても過言ではないと思っている。

第五章　自由権下不羈郡浩然ノ気村貴重番智

――千葉卓三郎の生涯

千葉卓三郎の履歴書には、幕末維新後の世界を懸命に生きた、一人の青年の軌跡が淡々と記されている。それは、彼の行動の足跡と同時に、彼の学問と宗教の遍歴でもある。儒学の大槻磐渓を皮切りに、医学を石川櫻所に、皇学を鍋島一郎に、浄土真宗を桜井恭伯に学んだ後、ハリストス正教会の司祭ニコライのもとでキリスト教に入信する。さらにその後、一時、儒学者の安井息軒や洋算の福田理軒に師事するも、再びキリスト教にもどり、マラン塾や美以神学校で語学を学んでいる。以上の来歴を経て、卓三郎は五日市に居を定める。そして、勧能学校で教鞭をとるかたわら、自由民権運動に身を投じ、日本の国家構想を「五日市憲法」という形で残したのち病に倒れ、三一歳の生涯を閉じた。

各地を放浪する卓三郎のもとには、折にふれて、故郷から財産整理の督促状が届いていた。しかし、彼はそれをほとんど無視する。故郷を捨て「自由権下不羈郡浩然ノ気村貴重番智」（千葉卓三郎蔵書のブックカバー裏。自筆）をもって任ずる自由人・卓三郎の気概である。仙台藩の下級武士の子として生まれ、維新後は「賊軍」の汚名を負いながらも、新しい時代を生き抜く活路を求めて闘いつづけた、彼の生涯の遍歴をたどることにしたい。

卓三郎の遍歴は、維新から自由民権期における故郷脱出者の生きざまを示す、ひとつの典型である。一八七〇年代から八〇年代、日本が急速に近代化を遂げるなかで、人々は誰しも、激変する時代の流れに翻弄され、各々が生きる道をさがして苦闘した。それは士族にかぎらず、百姓や町人など身分階層の枠を超え、さらには地域の枠をも超え、この時代を生きた人々の共通した歴史体験である。卓三郎の生涯を通じて、その歴史体験の一端を感じてみよう。

第一節　敗者の生きざま

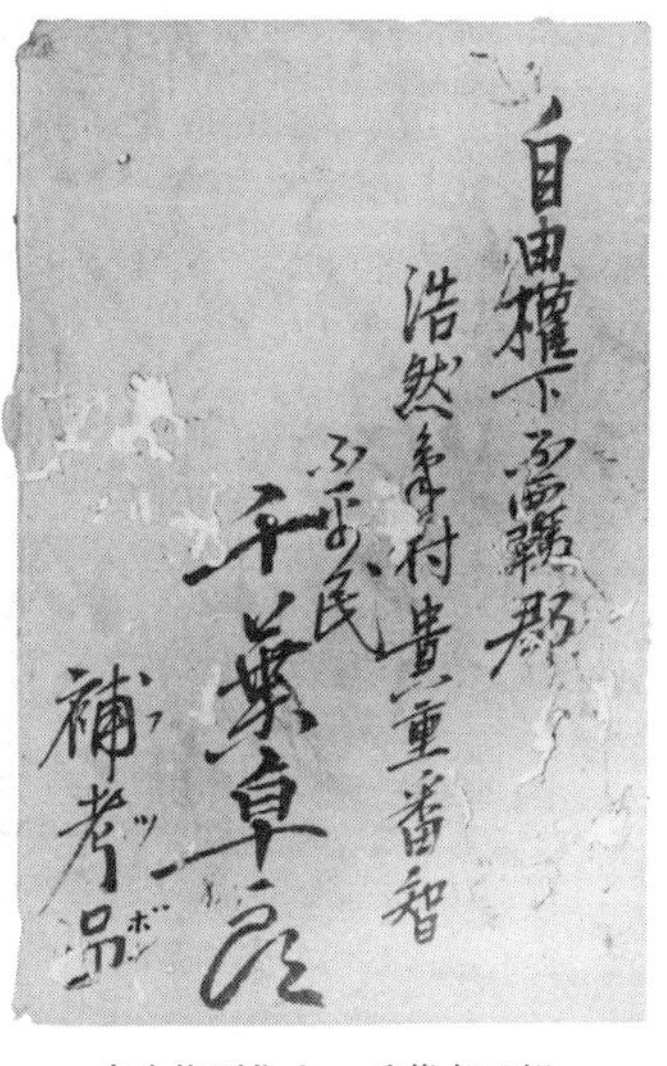

自由権下住人・千葉卓三郎

生い立ち

千葉卓三郎の父は仙台藩士族の千葉宅之丞（たくのじょう）で、四九石取りの御不断（ごふだん）組という位だったという。宅之丞は小梁川五平という人物の家臣となって江戸での勤務もあったが、事情があって出身地の宮城県栗原郡白幡（しらはた）村（現宮城県栗原市志波姫（しわひめ））の伊豆野城内に戻った。このとき宅之丞は後妻にさだ（定）を迎えたが子どもが授からなかった。そこで宅之丞は家の存続を考え、夫婦協議のうえ、隣村の金成町の娘ちかのを妾とした。ちかのは懐妊し、一八五二年(嘉永五年)六月一七日、男児が生まれる。それが卓三郎である。

ところが、卓三郎の誕生から二か月後、父宅之丞が亡くなる。実母ちかのは、卓三郎を産んで三年の間は乳母として子を育てたが、その後は実家にもどり、さだが卓三郎を育てることになった。生前、父宅之丞は、男子誕生の際には家督を継がせる旨、遺言を残していたが、家名断絶をおそれた親戚筋が、先妻の里子であった人物をさきに順養子として迎えていた。その結果、卓三郎は千葉家の家督を継ぐことができなくなった。

一八六三年(文久三年)、卓三郎は一二歳で仙台に出て、大槻磐渓に師事する。磐渓は蘭学者大槻玄沢の次男である。江戸の昌平黌で学んだあと、全国各地の儒者に師事しながら歴遊し、自分の儒学を完成させた。一八四九年(嘉永二年)に老中阿部正弘に提出した「献芹微衷」ではロシアと親交を結ぶべしとの国防論を展開しており、その四年後に出した上書には鎖国制度廃止の大胆な提言をしている。ペリー来航時には、佐久間象山らとともにいち早く開港説をとなえた、時代の動きに敏感な学者である。後年、卓三郎はギリシャ正教(ハリストス正教会)に深く傾倒するが、その源に磐渓がいたともいわれる。山口昌男によれば、「磐渓は蘭学に始まる世界の地誌に対する関心の一部として、ロシアとその宗教ギリシア正教への関心を抱き、事実上の接触も行っていた。したがってその弟子の間にギリシア教への関心が芽生えたのは、少しも不思議なことではなかった」という。

学問の師に磐渓を選べたことは、仙台藩士としてはエリートの道を歩んでいたといえる。養母さだに厳しく育てられた賜物か、生まれ落ちた境遇にもかかわらず、卓三郎の少年時代は順風満帆であった。しかし、時はまさに幕末動乱の時代である。彼の人生は急旋回を始める。

敗北経験

履歴書にある明治元年「其三月より九月に至るまで、軍伍(ぐんご)に入り」とあるのは、戊辰戦争に参加したことをさす。「千葉家近代ノ史稿」という記録によれば、「時恰も明治維新の大革命に際し、我藩大に軍兵を募る、卓三郎遂に軍卒に入り、白河口に出張し、二ヶ度の戦争を試み、無事引上げたり」とある。卓三郎は一七歳であった。明治元年四月から七月にかけての白河口の戦いに参加している。白河は「白河以北一山百文(しらかわいほくひとやまひゃくもん)」といわれる東北の関門である。

白河口の戦いは、白河城をめぐり、会津、仙台、棚倉(たなくら)の諸藩からなる列藩同盟軍と、薩摩、長州、大垣、忍(おし)からなる新政府軍とが奪還攻撃を繰り返した戦いである。緒戦こそほぼ互角の戦いであったが、戦局は次第に新政府軍に有利な展開となる。各地で実戦を積み重ねてきた新政府軍と、諸藩からの寄せ集めである同盟軍とでは、力の差はおのずから明らかであった。五月一日の戦闘で、同盟軍側は七百名もの戦死者を出した。戦死者の約半分は会津兵だったが、仙台藩からも八一名の犠牲者が出ている。それでも同盟軍はあきらめず、城奪還をめざして再三攻撃をしかけている。

混成部隊の仙台藩は、貧弱な装備と訓練不足もあって、同盟軍のなかで評判が良くなかった。六月の戦闘では拙戦がめだち、貴重な戦力を失う。戦死者は、同盟軍のなかで最も多い六〇名に及んだ。卓三郎は、次々と倒れていく自軍兵士をまのあたりにしたことだろう。

戊辰戦争の帰趨を決するこの歴史的な戦いでの敗北経験は、卓三郎に何をもたらしただろうか。山口昌男は、敗者と「日本近代の知」との関係についてこう指摘する。「維新後、旧幕臣及び佐幕藩士の子弟たちのたどった路を描くことによって、明治の初期において周縁化された旧藩の若者たちの間に或る意味での移動が起こり、成功した例、失敗した例を含めて、近代日本の知の組み替え運動に繋がっていく」。期せずして敗者となった若者たちは、自らの生き方に迷うのである。卓三郎もまた、そうした若者の一人であった。

卓三郎の履歴書に記された学問的遍歴を見たときに思い起こされるのが、卓三郎が少年期に最も影響を受けた大槻磐渓の来歴である。磐渓は江戸を根拠にしながらも、そこにじっとしていた人物ではない。激動前夜ともいえる幕末期に、全国各地を遊歴しながら自分の学問を磨いた。一八二七年(文政一〇年)、磐渓二七歳のとき、江戸から東海、京畿、南海へ、さらには九州から四国へと渡り、最後は北陸周りで江戸に帰る諸国遊歴の旅に出ている。その旅の間、蘭学者の父玄沢の紹介もあり、駿府の代官羽倉外記（はぐらげき）をはじめ多くの学者に出会い、親交を深めた。

恩師のこうした来し方は、維新後の卓三郎の来歴とどこか重なるところがある。「賊軍」の汚名を負うことになった卓三郎は、学問を通して、その境遇からの脱出を図るのである。

故郷を出る

戊辰戦争後、それまでの本名「宅三郎」を改め「卓三郎」と名乗る。維新後、故郷を出るに当たり、「卓越する」の意味でこの名を自ら選んだ。一敗地にまみれたが、自らの力で新たな時代を乗り越えていかんとする、彼の自負と気概を示す名前であろう。

卓三郎はまず、松島に行って石川櫻所について医学を学ぶ。この櫻所もまた、強烈な人生を歩んだ師であった。宮城県の登米（とめ）生まれの櫻所は、「小より笈（きゅう）を負うて四方に遊び」というように、ひと処にじっとしていた人物ではなかった。シーボルトに学んだ蘭方医として著名な伊東玄朴に学び、さらには遠路、長崎まで足を運び、オランダ人から直接学んでいる。その頃、英字新聞を読んでいたともいう。のち仙台藩の藩医から、幕府の侍医となり、とりわけ将軍慶喜に重用され、「奥医師」として御典医のような役割を果たした。幕末期には下田に来た米国使節のハリスの治療にもあたったという。戊辰戦争後は仙台に戻り、さらに松島に移ったところ、旧幕府の脱走者に関係して揚屋入りとなり、九か月に及ぶ獄中生活の後、明治三年(一八七〇年)に許された。その後上京し、陸軍軍医監となっている。「相貌俊邁、慷慨奇節あり」と言われるように、社会の不正や不義に憤って嘆く人であったようである。卓三郎の履歴書には「明治元年一一月より二年八月まで従」ったとあるので、櫻所が入獄するまでのわずかな間であっただろう。卓三郎が櫻所から医学を学んだかどうかは明らかではない。あるいは書生の一人として謦咳に接するという程度であったのかもしれない。

次に師事したのは鍋島一郎という人物である。鍋島は鍋島藩の一族として江戸に生まれ、九歳で米沢に来て、藩校の興譲館で漢籍を学んだ。四年後に江戸にのぼり、前田健輔の塾で皇学を学び、一八歳より平野元教の門に入り医術修業に励んだ。あわせて坪井信道塾で蘭学を学ぶ。また、国学にも造詣が深く、和歌にも長じた「進歩的特色ある学者」といわれる。二五歳で国元へ帰り、皇学(国学)の塾を開きながら医業もなしていた。米沢や仙台周辺の各地では、国学や和歌なども教えていた「智力精力絶倫」のマルチ学者であった。

鍋島は維新後の一八六九年(明治二年)、昌平黌学監の林大学頭からの招聘をうけ、再び上京する。しかし、身分制度がいまだ濃厚に残る昌平黌に嫌気がさして山形に戻り、さらにまた仙台や登米県に移った。卓三郎の履歴書によれば明治二年一〇月から三年一一月まで、鍋島について皇学を学ぶとある。鍋島が昌平黌に行く直前の、登米県気仙沼にいた間であったと推測される。おそらく、皇学ばかりではなく、幕末期から江戸に出て学んだ鍋島の積極性と、さまざまな学問の薀蓄に、強く影響を受けたのではないか。

卓三郎の次の師は桜井恭伯で、明治三年末から翌四年四月までとあるので、わずか五か月足らずである。履歴書には「浄土真宗を聞き」とある。現在までのところ、桜井恭伯なる人物についての詳細は明らかではない。卓三郎が浄土真宗に近づいた一八七〇年一月、大教宣布(たいきょうせんぷ)の詔が出て、明治政府は神道国教化政策に乗り出している。各府県には宣教使による布教活動をおこない、神祇官(じんぎかん)・神祇省の設立というように、国教としての神道をかかげた年である。政府の一連の宗教政策は仏教勢力からの抵抗をうけて失敗に終わるが、卓三郎は浄土真宗の教えを聞きながらも、そこに政治の動きをみていたのではないか。

以上のように、短期間のうちにさまざまな師のもとを渡り歩いたのち、卓三郎は初めて上京する。そこで一転、ハリストス正教会のニコライのもと、キリスト者として洗礼を受けるのである。卓三郎の履歴書には、「[明治]四年六月より同八年四月まで、東京駿河台に於て、魯人ニコライに就きてギリシャ教を学び、兼て魯学を修め」と記されている。三年一〇か月という期間は、彼の人生の軌跡のなかではもっとも長い。私は、ギリシャ正教会に何か記録が残っているのではないかと推測した。そこで訪ねた東京・御茶の水のニコライ堂で、またも思わぬ出会いが私を待っていたのである。ここからはまた、私の追跡劇を再開する。

第二節　ペトル千葉として

ニコライ堂での出会い

御茶の水のニコライ堂は、ＪＲ御茶ノ水駅から歩いて数分の場所にある。ドーム建築の聖堂で知られるが、「ニコライ堂」は通称で、正しくは東京復活大聖堂教会という。一九六九年、外観は何度か見たことがあったものの門をくぐるのは初めてであった。聖堂の荘厳な雰囲気に私は畏怖の念を感じ、少々気後れしてしまった。聖堂の中にあるベンチに座って待っていると、やがて奥から神父さんが現れた。内藤神父である。内藤神父は、私の心細い気持ちを察してか、やさしく声をかけて緊張を解きほぐしてくれた。

内藤神父は私の話を熱心に聞いてくださった。明治初期のハリストス正教会の記録や洗礼名簿のようなものは残っていないか、あるいは当時の教会や信者のことを調べている方はいないか。そう尋ねると内藤神父は、いかにも残念そうな顔をして、「実はハリストス正教会史の研究は遅れているんです」と答えた。キリスト教の他の宗派であれば、多くはミッション系の大学をもち、その創立者や関係者、あるいは布教活動史などの基本研究がなされる。残念ながら、ハリストス正教会では大学は設立されなかったこともあり、研究があまり進んでいないのだという。

ただし、一冊だけ、一九〇一年(明治三四年)に刊行された石川喜三郎著『日本正教伝道誌』という本があり、日本におけるハリストス正教会の布教初期の、それも東北地方での布教活動を中心にかなり細かく記録されているという。「その本を御覧になったらどうでしょうか」とのアドバイスをいただいた。そして、いったん教会の奥に戻って一冊の古い本を持って現れ、内藤神父は私にこう言われた。

「この本です。もし必要ならお貸ししますから、どうぞ」

思いもかけない申し出に、私は飛び上がるほど驚いた。初対面にもかかわらず、このような貴重な本を！　私はすっかり恐縮してしまった。「ぜひ千葉さんのことを明らかにしてください」。神戸の千葉敏雄さんといい、内藤神父さんといい、私の千葉卓三郎追跡劇は、人のあたたかな親切を語らずにはとても振り返れない。私は恐る恐る本を手に取り、ご厚意に感謝しつつ貸してもらうことにした。

布教活動

本を家に持ち帰り、さっそくじっくり頁を繰っていくと、ハリストス正教会の布教活動の草創期に、なんと「千葉卓三郎」という名前がしっかりと、そしてはっきりと記録されていた。

それは次のような記録であった。

伊豆野は刈敷を去る遠からざる一村落にして、此村には刈敷と同時に、イヲアン酒井始めて福音を伝へ、イヲアン酒井の知人千葉卓三郎なる者、率先して教に進み、一千八百七十三年に上京して、掌院ニコライ師より領洗し、ペトルといへり、これ当地方に於ける始めての信徒にして、ペトル千葉帰郷後は伝教師パワェル津田等を補助して諸地方に馳駆し、又イヲアン酒井と共に伝教に奔走し、神官・僧侶の妄説を排して、ハリストス教の真理を伝へたり、ペトル千葉はこれがため、神官・僧侶の輩に、神仏に対しての不敬の挙ありとの讒訴を受け、登米の獄に投ぜられたり。ペトル千葉の熱心なる誘導にて、当村に現はれたる信徒は、イリヤ菅原三郎太・シメオン大場多吉等にして、次てルカ今野の一家を導き、一千八百七十五年に至りて、十数名の領洗者を出し、一小教会を成立せり（後略）

「ペトル千葉」の伝道者としての活発な動きは、さらに次のように記録されていた。少々長くなるが、貴重な文献で、なかなか目にできるものではないので引用しておきたい。

ペトル千葉が昨年来、当地方に在りて、頻りにハリストス教を宣伝せしかば、当地方の神官・僧侶等、これを禁止せんとしたりしかば、ペトル千葉は諸方に於て、神官・僧侶の輩と弁論をなし、之を排斥せり。神官・僧侶の輩は、ペトル千葉を憎み、神・仏に対する不敬の所為（しょい）ありとて、之を登米の県庁に讒訴（ざんそ）せり、この誣告（ぶこく）によりて、ペトル千葉は警吏のために縛せられ、審問の末ゑ、神・仏に不敬を加へたるの罪に問はれ［同年の二月上旬］、遂に三ヶ月の入獄に処せられたり。然るにペトル千葉は、獄中に在りながらも、同じく獄に繋がれ居る罪人に対し、これを憐れむの心、自ら禁ずる能はざりしかば、この同囚の罪人を導き、其心を悔改せしめんとて、諸囚人に悔改の道を伝へたり。獄中に高清水（たかしみず）の者にて、窃盗犯にて入獄したる者あり。重き罪人ながらも鉄窓の下に在りて、福音の講話を聴きしこととて、遂に救ひの道を信じ、啓蒙を望むに至りしかば、ペトル千葉はこの同囚の者に聖使徒ペトルの名に依らしめ、獄中にて窃（ひそか）に啓蒙を授けたり、その後は日夜福音の教へを談じて、この者の信仰を養ひ、司祭は東京に居るを以て、出獄せば偕（とも）に上京して洗礼を受けしめんとて、彼を慰めたり、然るにその者は俄（にわか）に死刑の宣告を受け、今は死刑に処せらるゝの場合に立至りしかば、洗礼を領（う）くるの望を遂げざりしを甚だ遺憾に念（おも）ひ、その失望落胆いはんかたなかりき、ペトル千葉も亦、深くこの事を遺憾に思ひ、いかにしてもその望みを叶はせんものと思ひ、死刑に処せらるゝ日に至り、朝食の際に湯を与へられたる土瓶に、湯の残りて冷かになれるものありしかば、これを以て水に代へ、このペトル某に洗礼を授けたり、又ペトル千葉は自身の着せる獄衣の縫糸を抜きて紐となし、それを頸（くび）にかけしめしかば、ペトル某は大に悦び、主は永生の福楽を与へらるべしとて、ペトル千葉に告別して刑場に赴き、安心して死刑に就きたり

一八七四年（明治七年）三月一四日から六月二三日まで、卓三郎は神と仏に対して不敬の行為を働いたということで捕縛され、登米の獄に入れられた。さきにも少しふれたが、これはそのときの話である。獄中では脱獄を防ぐため、片鬢（かたびん）、片眉をすり落とされ、さらに鉄鎖につながれるという厳しい状況のなかで、彼は同房の囚人に秘かに布教活動を行っていた。獄を出たら同行するので、上京してニコライから洗礼を受けるよう説いていたが、この囚人が死刑を宣告され、執行前に急きょ、卓三郎自身が洗礼を授けることにした。朝食の残り湯を洗礼の水にかえ、十字架は卓三郎自身の獄衣の糸を抜いて作ったという。獄中にあっても、これだけ熱心に布教に努めている卓三郎は、当時のハリストス正教会の信徒のなかでも、かなり目立った存在だったろう。卓三郎自身もそれだけ深い信仰に支えられていたと思われる。

このように千葉卓三郎という人物は、日本におけるハリストス正教会の伝道史上、重要人物として位置づけられていた。この本が発刊された明治後期にはすでに、初期の信者の一人として教会内部では知られた存在であった。「無名の士」でも何でもない。私が勝手にそう思い込

んでいただけだったのである。

明らかになる来歴

卓三郎は信心深く、積極的な布教活動を展開し、一八七三年（明治六年）のまだ禁教下の時代、投獄されて厳しい取り調べを受けていた。一八七四年（明治七年）七月二日付の東京横浜毎日新聞に卓三郎が捕縛された記事が載っていることを、鶴巻孝雄氏が確認している（研究室ＨＰで公開）。次の内容である。

陸前国栗原郡茹(ママ)敷村農千葉宅三郎は、従来天主教を尊奉せしものなるか、此神主の外に、尊奉する神仏はあらずと、神棚に奉在せる伊勢皇太神の御玉串を束ねて、之を家外に投棄し、又祖先父祖の位牌を墓所へ棄去せしか、此事遂に県官の知る所となり、捕縛に就き犯律違制の重きに擬し、懲役百日に処せらる、吁(アヽ)宗教の論は紛紜(イロイロ)、何れを是とし何れを非とすべきや決し難く、又其旨趣愚民をして善堂に誘導する法便の門なれば、官又只民心の帰着する所に任せ、彼れを置き此を禁ずるの令なしと雖ども、只彼国の教宗より外、尊奉すべき教宗はなしと心得、我国の尊神生身の父母を辱かしめ賤しむに至ては、其害亦尠(すくなし)とせず、一人の失は十人に及び、十人の失は百人にも及ぶ可ければ、速かに抑制の法を設け

られん事を乞ふ

ハリストス正教会の司祭ニコライ．卓三郎の遺品の中に残されていた写真

千葉宅三郎という宮城県出身の一人の農民が、神棚の玉串を投棄し、位牌を墓所へ棄て去った。このような過激な行為は許されない。そのような新聞記事である。事の真偽は不明だが、卓三郎は、村社会のなかでかなり過激な人物とみられていたことがわかる。彼は一直線に突っ走っていた。ハリストス正教会の布教史のなかに、卓三郎の名が刻まれるのもうなずける。

卓三郎の履歴書には、「四年六月より同八年四月まで、東京駿河台に於て、魯人ニコライに就きてギリシャ教を学び、兼て魯学（ろがく）を修め」とある。つまり、三年一〇か月の間、ハリストス正教会と関わっていたことになる。一八三六年生まれのニコライが、単身シベリアを横断して日本に来たのは一八六〇年（安政五年）、二四歳のときで、六一年（文久元年）には函館に到着している。ロシア領事館付の司祭となることが目的であった。以降、禁教下ではあったが、秘かに布教活動を行い、一八六八年四月、土佐藩士族・澤辺（さわべ）琢磨（たくま）、澤辺の知人で宮城県金成（かんなり）村生まれの医師・酒井篤礼（とくれい）、南部藩の浦野大蔵の三人に日本で初めて、秘かに洗礼を授けた。場所は外に漏れないようにニコライの自宅であったという。ニコライは翌六九年に一度ロシアに帰国するが、七〇年には修道司祭として再度日本に赴任し、七二年一月に函館から東京に移る。以来、神田駿河台を本拠にして布教活動を展開した。

　卓三郎がニコライのもとにいたことは、ニコライが駿河台を拠点にしていたことで証明される。一八七二年（明治五年）、駿河台には伝教者養成のための伝教学校が開設され、また七四年には正教神学校が開設されている。和漢学、数学、ロシア語、さらに聖書学、地理歴史学など、水準の高い学問を学ぶことができた。卓三郎が「ギリシャ教を学び、兼て魯学を修め」と記していることと符合する。語学の勉強を通じてキリスト教にふれたのではないかと考えられる。

　また、思いがけないところからも記録が出てきた。早稲田大学の大隈文書の中にある「鉄砲（てっぽう）洲（す）六番書庫」という書店の「耶蘇教書肆（しょし）日誌」に、卓三郎らしい男が出てくるのである。キリスト教関係の本を取り扱う書店だったのだろう。店員になりすました警察の密偵が入り込み、聖書や関係書籍の販売記録を克明につけていた。その日誌である。そこに卓三郎と思われる人物の行動が記録されていた。

　一八七三年（明治六年）四月一日には、漢訳聖書四六冊が一度に売れた。記録には「ニコライ塾生、宮城県の人五人来て、右の本国許（もと）より註文とて求む」とある。同八日には漢洋の聖書五八冊を、同じくニコライ生五人が購入とある。九日には漢訳八冊、一一日には漢訳六三冊、一二日には漢訳五八冊、一七日に漢訳四冊、二〇日に漢訳六冊、二一日に漢洋四六冊と、この月だけで総計二八九冊も購入している。目立つことは間違いない。再々来るのは「仙台若生」とあり、また「宮城県下老人年令五十余、書生年齢廿才余」と推察年齢もメモされている。おそらく老人は酒井篤礼で、書生は卓三郎ではないかと思われる。

同年四月二三日には決定的な記録が出てくる。「宮城県千場(ママ)某、帰県イタシ候、某来ル以所ハ　唯洗礼(水ニ這入ル事)ヲ受ルカ為ニテ、百里ヲ遠シトセスシテ来レリ」。宮城県から来た「千場某」が東京に来た理由は、ただ洗礼を受けるためで、遠隔地などものともせずに上京してきた、とある。この「千場某」とは卓三郎のことだろう。さらに同月二八日には、「宮城県酒井某、函館ニ帰向イタシ候」とある。酒井篤礼であることは間違いない。ニコライ塾の生徒からの話として、塾には通学生もあわせれば四百余人が学んでおり、宮城県はより盛んで、「ワサワサ受洗ノ為ニ来ル人モアル」と聞いたと記されている。ニコライから洗礼を受けるために上京してきたのは、卓三郎だけではなかったのである。

卓三郎の洗礼については、さきに述べたように、『日本正教伝道誌』の「伊豆野村の伝道」の箇所にある。酒井が初めて福音を伝えたのが卓三郎だった。ニコライが駿河台を拠点に布教や教育活動に積極的に取り組んでいた頃、卓三郎は酒井に同行して上京し、直接ニコライから洗礼を受け、ペトルという洗礼名をうけていたのである。ハリストス正教会の洗礼名簿に卓三郎の名は確認できなかったが、履歴書に記されていた期間とは符合する。

突然の変心

ハリストス正教会は、宮城県仙北地方をはじめ、岩手県、秋田県などを中心に、明治前期、集中的に広まっていった。東北の小さな村々にキリストの灯がともされ、講義所や聖堂が作られるようになる。最初は卓三郎のような士族階級が中心だったが、次第にその親族へと広まり、さらには一般農民へと浸透し、それぞれの地域に新しいキリスト教の拠点ができていった。いまでも、東北の農村にはハリストス正教会独特の建物が残っている。卓三郎はこうした地域をめぐりながら熱心に布教活動に取り組んだ。

しかし、それだけ熱情を注いだハリストス正教への卓三郎の帰依も、四年あまりで途切れてしまう。なぜなのだろうか。友人たちからの諫めの手紙がいくつか残っている。

「爾を切陳［諫か］して放に言をかざらず、涕泣以て爾に忠告す、爾夫れ之を察せよ、半に望んで悵然たり、阿民」（明治八年七月二八日）

「千葉は今に至る迄、尚異説を主張す」（明治一一年七月二八日）

卓三郎のあまりの変心ぶりに、友人たちは言葉もない。泣いて忠告するとまで言われている。

変心の原因は不明だが、急速に熱が冷めてしまったことは事実であろう。そのきっかけと考えられることが一つある。一八七二年(明治五年)、ハリストス正教が天皇への不敬を教える危険宗教ではないかと疑いをもたれたとき、ニコライは弁明書を書いている。その弁明書に卓三郎が違和感を抱いたからではないかと推測する研究者もいる。ニコライの弁明書は、自分の弟子で「皇帝陛下に不敬の言を発」したり、「不順の心を懐」く者がいたら、ただちに「門籍より放逐」すると断言している。

ただ、ハリストス正教会を離れたとしても、卓三郎が完全に棄教したとは考えられない。なぜなら、卓三郎の遺品のなかに、ニコライの写真が含まれていたからである。また、卓三郎から千葉家の後事を依頼された広田久は、キリスト者であった卓三郎のことを意識して、東京の谷中天王寺にあるキリスト教共同墓地に卓三郎を埋葬し、小さな墓を建立している。

ともあれ、理由は必ずしも定かでないが、卓三郎はまた放浪の身に戻る。東京は市ヶ谷で短期間、安井息軒に師事している。安井は近世後期の儒学者として著名な学者で、三計塾を開講し門弟も育てた。また、反キリスト教の『弁妄』の著者で、耶蘇教排撃論者としても知られる。卓三郎が安井塾の門をたたくのは安井の最晩年で、死の一年前だった。すでに目も悪く、最後の執筆となる『睡余漫筆』を日課のように書き付けていた時期である。もはや直接教えるという状況ではなかったと思われる。それでも「病床に訪ね来る門人、日毎に多く」(若山甲蔵)いたといわれ、卓三郎もそのうちの一人であった可能性が高い。

安井の『睡余漫筆』の一節に、学問を志す者にあてた次の一文がある。「凡そ捷径を求る程、学問に害あることなし。況や浅学の人に読むべき書を定めて学ばしめんに、学者何の用をか為すべき。書籍に無用の如き辞あれ共、彼と此とを引合せ、又は時代を推て之を考れば、皆必用の言なり、荘子に人皆有用の用を知て、無用の用を知ることなしと云ひしを、蘇東坡其意を演べて、凡そ人の路を行くに、足を容るゝ外は皆無用の地なり、然れ共、今大河を渉らんに、足の載する丈の棒杙を打ちて、外に板を敷かずんば人能之を渉らんや、是無用の用なりと云へり、誠に明言なり、学問の道も亦此の如し」

ここで安井は、有用か無用かで判断するのではなく、無用と思われるものでも、時代が変われば必要になってくるものがあるのだから簡単に峻別してはならない、と「無用の用」を諭している。有用なものだけを短兵急に求めていては、学問を究めることにならない。安井のこの言葉は、ハリストス正教会から離れたばかりの卓三郎にどう響いただろうか。

また同書では、政治についてのこのような文言もある。「日本の事を自ら野蛮と称し、又公然と共和政事を唱ふる者あり、悖慢の極、忌憚る事なきの甚しきと云ふべし、他国ならば族誅にも及ぶべきを、舎置るゝは寛大の政界と云ふべし」。この時点で卓三郎はまだ、自由民権の陣営にはいない。彼の受け止め方が気になる。

ラテン学校

息軒の門を叩いたあと、卓三郎は九段堀端にあったラテン学校で学ぶ。入学したラテン学校は、マラン神父が校長を務めていたことから「マラン塾」とも呼ばれる。マラン塾は原敬が学んだ学校としても知られる。一八七二年(明治五年)、原は一六歳のときに上京し、マラン塾に入学した。当時の学校の様子を後にこう述懐している。「学校といっても旗本屋敷そのままで、ただ家が大きく、七、八〇名の学生が入るのに都合がいいので、借りたものであった。学校としての設備などない畳敷きの日本家で、迫害の難を逃れて支那に行った進学生二十余人、横浜や横須賀方面に住む外国人の世話で来た者と、仙台方面から来た数十名の学生たちがいた」

学校は七四年に神田猿楽町の大名屋敷へ移り、同年に二代目校長としてフランス人の宣教師ヴィグルーが就任する。卓三郎の履歴書には、明治九年「四月より同十年一月まで」となっているので、在籍していたのはヴィグルー校長の時代とみてよいだろう。卓三郎の目的はおそらく、フランス語の習得であったと思われる。

学校には、キリスト教信者もいれば、そうでない人も集まってきていた。原の回想にあるように、卓三郎が入学する前にも仙台から上京した学生が在籍していた。マラン神父はたびたび仙台を訪れて布教活動を行い、多くの信者を獲得している。その縁を通じて上京した者もいたと考えられる。宮城県出身で、後に同県警部長になる竹内寿貞もマラン塾で学んだ一人である。青山政徳の『明治初年の布教』によれば、竹内が各地で積極的に布教活動をしていたことが紹介されている。明治四年頃に上京した竹内はマラン神父のもとで語学を学んでいたが、やがて洗礼を受けて布教を手伝うようになった。仙台、盛岡などでは、つてをたどって人々に接近し、宣教師に引き合わせた。武州砂川村では境弥兵衛という人物の手引きで布教し、この地に聖堂を建てたという。武州砂川村とは現在の東京都立川市で、五日市村と五日市街道を通してつながっている。

じつは、この竹内が、卓三郎が五日市に来る際のキーマンとなる。『三多摩政戦史料』によれば、北多摩郡砂川村の豪農、砂川源五右衛門は村塾を開いていたが、竹内はその塾頭になっていた。その塾では、永沼織之丞（おりのじょう）が撃剣や柔道などを村の青年たちに教えていた。さきに述べたように、永沼織之丞は卓三郎が勧能学校に来たときの校長である。

初めて教壇に立つ

一八七七年（明治一〇年）二月から六月までの四か月間は、「福田理軒（りけん）に就き洋算相修め」とある。卓三郎がなぜ数学を学ぼうとしたのかはわからない。福田は、大阪で和算の私塾を開いていたが、維新後は上京し、神田猿楽町に順天求合社という、和洋混合の数学塾を開いている。

日本ではじめて西洋数学を紹介した書物を残し、「知られざる天才」(丸山健夫)ともいわれる。福田は数学ばかりではなく、天文学や暦などにも関心があり、明治の改暦にも関わったといわれている。卓三郎の興味関心の広さがうかがわれる。

福田理軒のあとは、再びキリスト教に接する。米国メソジスト監督教会の日本伝道の総理ロバート・S・マクレーについた。マクレーは来日前の二五年間、中国の福州を中心に滞在し、教会、学校、病院などを設立した。一八七二年、メソジスト監督教会は日本伝道を決定し、その責任者にマクレーを指名した。

マクレーが横浜に上陸したのは、日本での禁教が解けて間もない一八七三年(明治六年)六月で、山手居留地を拠点に布教活動を展開する。マクレーは横浜の担当となった。二年後の七五年には山手二二一番地に天安堂と呼ばれる会堂を建立し、伝道集会を始めた。同時に学校建設にも着手し、神学校兼宣教師館や寄宿舎なども建設する。そして、一八七九年(明治一二年)一〇月、美以(みい)神学校(現青山学院大学)が開校した。

卓三郎宛の一八七九年(明治一二年)一一月付の書簡が残されており、その宛先住所が「横浜山手二二一番地コルレル」となっている。卓三郎の履歴書には、「一八七七年(明治一〇年)八月より七九年一一月までの二年三か月、横浜山手において米人マクレーに就いてプロテスタントの中のメソジストを学び、合わせて同校の原書生に漢学を教授していた」とある。天安堂時代から美以学校開校直後まで、マクレーのもとにいたことになる。卓三郎にしては長い滞在だが、勉学のみならず学生たちとの活発な議論が、彼をしてこの学校に留まらせた理由になっていたと思われる。第一回入学生の山鹿旗之進（やまがはたのしん）は、次のように語っている。「開校当時、生徒十五名、なかにはニコライの神学校に学んだ者がいて、学課が終ると、口角あわをとばしたものがいる」。まさに卓三郎のことを指しているような話である。

この学校で卓三郎は、キリスト教と同時に、英語や英学にも興味をもって取り組んだのではないか。開校当時の美以学校の状況は、「神学校といっても、神学生だけでなく、英学その他を教授する学科があったので、英学を目ざす者の方が多かった」との記録がある。学課のほとんどが英語で行われた。もっとも、開校間もないこともあり、「学校の学課といえば何も無かった。天地開闢（かいびゃく）以来、学課のない学校がどこにあるかと問われるならば、この神学校が即ちそれだ」という状態であった。

また、ちょうどそのころ、卓三郎の履歴書には「米人ヂョン・バラ塾の原書生に漢学を教授」していたとある。それまでの学問の経験と蓄積が認められ、初めて教壇に立ったのである。バラ塾とは米国長老教会宣教師のJ・H・バラが一八六九年に創設した英学を中心とする私塾である。バラ塾で学ぶ学生らによって「横浜バンド」が結成される。押川方義（おしかわまさよし）、本多庸一、井深（いぶか）梶之助ら、日本のプロテスタント草創期のメンバーもこの土壌から育っていった。卓三郎が漢学を教授した学生もいたはずである。

このように卓三郎はキリスト教行脚を重ねた。一つには語学習得の目的もあっただろう。文明開化の基礎として、ロシア語、フランス語、英語などの習得は身を立てるための武器になる。キリスト教そのものには、最初に出会ったハリストス正教以上に深入りしなかったのではないか。むしろ宗派の異なるキリスト者を通して欧米人を知り、欧米の近代文明や思想を学んでいったと思われる。卓三郎の貪欲さがみえてくる。

広通社

履歴書の最後は、五日市に入る直前の一八七九年(明治一二年)一二月から翌八〇年四月までの五か月間であるが、東京麴町で「商業に従事し」とある。唯一残る卓三郎の写真に、その痕跡がある。少しばかり首をかしげて矢立を手にした卓三郎の前には、大福帳らしき帳面と算盤(そろばん)が置かれている。五日市に入る直前の卓三郎とみられる。およそ商売などと縁のなさそうな卓三郎が何を商っていたのか興味がわくが、実証はほとんどできない。

ひとつ可能性として考えられるのは、一八七九年に認可された総合商社「広通社(こうつうしゃ)」との関係である。広通社は、卓三郎のかつての仲間だったハリストス正教会の信徒たちを中心に創設された商社である。宮城県登米郡佐沼に本社を置き、陸羽(りくう)地域で産出する米、豆、生糸、海産物などを関東地方に移出売買していた。その創立趣意書には「陸羽の人民たる者、若し今に於て勇進敢為自治自活の精神気力を発動する無くんば、他日臍を噛むとも何を及ばん」とある。東北の自治自活を目指して挑戦するという気概が示されている。さらに「早く富裕の域に進み、民権を張り、人材を養ひ、以て東方の曙光を満天下に沖射［注目］せしむる有らんことを」と自由民権運動への参加も呼びかけている。東北の振興を目論みつつ民権を主張する昔の同志たちの呼びかけを、卓三郎はどのように聞いただろうか。しかし、広通社は、東京出張中の社員の相場の失敗により間もなく倒産し、関係者に多額の負債を負わせる結果となった。

第三節　五日市へ

村は小なりといえども精神は大きく

履歴書どおりに読み取るならば、卓三郎は二十代最後の年に、神奈川県西多摩郡五日市町（現東京都あきる野市）に居を改めている。履歴書には、「其［明治一三年］四月下旬ヨリ武州西多摩郡五日市ニ滞在シ、今日［明治一四年四月］ニ至ル」と記されている。

当時の五日市はどのような村であったのだろうか。東京横浜毎日新聞にその様子が報じられている（明治一三年二月二六日付）。東京から一五里（約六〇キロ）西方にあり、戸数三一〇戸、人口一三四八人の小村落だが、物産は織物や生糸を主流とし、毎月五の日、十の日に市が開かれ、近傍各地から二、三百名が来集し、「金融は最も宜しき方」だという。また、劇場も建設中で、その賑わいぶりがうかがわれる。

では、人々の気風はどうであったろうか。「人民の気風は漸く旧を捨て新に就かんとする」ものであったという。町会はすでに開設され、「僻地幼稚の会議にも似ず、随分議事の体裁も能く整備し、場中実に静かなり」といい、すでに有志輩五、六名が「相謀り嚶鳴社員四、五名を聘し、演説会を開かんと各東西に奔走して尽力中」ともある。また「耶蘇講会」「小学教員の茶談会」なども開かれている。

村は小なりといえども精神は大きく、五の日に立つ市の盛況ぶりとともに、進取の精神がみなぎる村であったようである。嚶鳴社社員の波多野伝三郎は、一八八一年一二月、五日市に招かれ、村人たちの巧みな演説会の様子を見聞し、「其論旨の慷慨悲憤なる、其言論の雄弁痛快なる」ことに驚いている。このような講談会が毎月三回、定期的に開かれ、活発に議論をたたかわせていることを聞いてなお一層驚く。民権派ジャーナリストも驚嘆させる自由民権の先駆的な活動が、多くの村人たちを巻き込みながら着々と展開していたのである。

勧能学校の教員として採用された卓三郎は、この地で初めて自由民権運動と直に触れ合う。さきにも紹介したが、一八八一年(明治一四年)七月、自由党の中島信行を迎えて行われた五日市懇親会には卓三郎も参加し、この時点ですでに演壇にも立っている。卓三郎らの熱烈なる歓迎演説に応えて、中島も「自由権利を拡張せずんばある可らず」と熱弁をふるう。「満堂拍手の音、喝采の声暫しは鳴りも止ま」なかったという（「東京横浜毎日新聞」明治一四年七月七日付）。すでに自由民権運動の地熱が高まっていたこの村に、卓三郎というユニークな経歴の持ち主が現れたことで、五日市の自由民権運動はさらにヒートアップするのである。

民権教師として

勧能学校の教師として赴任した卓三郎であったが、彼はどんな教師であったのだろうか。卓三郎が深沢父子に宛てた手紙（一八八一年七月付）が残っている。「小学教員は准官吏と言うことに、愈々(いよいよ)取極めらるる様子に付き、其時は生は断然辞職と相決し居候」。国に雇われるなどまっぴらだと息巻いている。

前年に出された集会条例では、官立公立私立学校の教員と生徒は、政治について講談論議する結社の集会に参加してはならないとされた。その後、政府は改正教育令や小学校教員心得などを相次いで出し、教員を官吏待遇にすることで各地の民権教師を取り締まろうとした。第二章では、五日市憲法における「教育の自由」規定について解説したが、「教育の自由」とは「教員の自由」が同時に保障されて初めて実現されるものであろう。深沢父子宛の手紙は、もしそうなったら俺はいつでも辞めてやるぞ、と断固たる意思を表明したものである。

民権運動への弾圧は次第に強まっていたが、卓三郎は最後まで民権教師を貫き、校長としての職務もこなした。その間、近隣各地の演説会や政治集会にも堂々と参加している。それでも最後まで逮捕歴はなかった。

永沼織之丞や卓三郎が校長を務めた勧能学校の教育実態については、まだ十分に明らかにできていない。なにしろ、県から正式に派遣されてきた教員を、次々と追い出すような学校である。県の通達どおりの教育をしていたとは到底思われない。その反動であろうか、千葉の死の翌年、静岡県出身の高橋格が三代目校長として赴任してくると、にわかに様子が変わる。

高橋がまず手をつけたのが、学校改革と校則の起草であった。高橋は起草した校則草案を示して、学校関係者に意見を求めている。書き出し部分を要約してみよう。このようなものである。「本校は明治六年に創立したが、学校のために奔走尽力する人に乏しく、子弟の教育を顧みる者もなかったようだ。そのため、校舎は頽廃し、学校事務は滞るばかりである。こんな状態だから、他町村からの侮りも甘んじて受けねばならなかったのである。いまこそ、そうした汚名を返上し、学校を改めなければならない。校則の原案を作ってみたので、みなで検討してほしい」。以下、二九条にわたって校則が記されている。

教課の編成はあくまでも「規則に依る」とあり、もし変えるときは校長から学務委員に申し出て、両者協議のうえでなくてはならない。教員の構成は、校長一人、助教三人とし、校長は助教の「勤惰」と「生徒の不規則」を監査し、「校内の不取締り並に非常の不進歩等があるときは」、その責任を負う。また、助教が「懶惰（らんだ）」で注意しても聞かないときは、学務委員に報告して辞めさせることができる。ざっとこのような具合である。

たしかに管理監督者の立場でみると、校舎の頽廃や事務の遅滞は一日も早く対処すべき問題である。しかし、それだけを取り上げて、永沼・千葉時代の教育実践を完全否定することはできないだろう。三代目校長の管理と締め付けはむしろ、裏を返せば、それまでの卓三郎らによる教育実践がいかに自由な気風をもつものであったかを想像させる。

勧能学校の在職教員は、出身県も人生経験もそれぞれ異なり、個性豊かなメンバーが一つの人間集団を形成していた。この一見ばらばらな個性派集団は、政府の一方的な上意下達の教育支配をはねのけ、自由闊達な教育現場を生み出していたものと推測される。しかも、学校という狭い領域にとどまらず、五日市全体の社会教育に対しても大きな役割を果たしていたと考えられる。そうした地域社会を巻き込んだ自由な教育実践が、やがて五日市憲法の起草へと結びついていくのである。

第四節　五日市憲法の「法の精神」

逆境のなかでの起草作業

すでに第一章でふれたように、一八八〇年(明治一三年)一二月五日、神奈川県北多摩郡府中の称名寺で、嚶鳴社社員の野村本之助と肥塚龍を招聘して一大演説会が開催された。演説会には五日市から土屋勘兵衛が参加しており、土屋は野村に嚶鳴社憲法草案の送付を依頼したことがわかっている。印刷された草案は一週間後に土屋に届き、深沢の手を経て卓三郎に手渡されたと推測される。他の地域に先駆けて嚶鳴社草案を入手できたことが、五日市での憲法起草に拍車をかけたと思われる。起草作業は、学芸講談会と学術討論会での議論を基礎に、卓三郎が全体の構想を取りまとめ、条文の執筆を行ったのだろう。残念ながら、起草作業の参加メンバーをはじめ、起草の際の議論を具体的に記録した史料などは見つかっていない。

起草作業に取り組んでいたときの卓三郎の健康は、実は万全な状況ではなかった。憲法の条文を一条一条練り上げていく過程は、かなりの集中力が必要であり、精神的にも肉体的にもハードな作業を強いられただろう。一八八一年(明治一四年)六月、卓三郎は結核を発症していたようである。かつて卓三郎がハリストス正教を伝道した、同じ故郷から上京していた白鳥恒松の卓三郎宛の手紙には、病気のことが触れられている。「影ながらも、さぞさぞご難儀の事と遥察。野生もはなはだ案じおり候間、この上は貴体、養生専一」にと見舞っている。さらに翌七月の書簡にも「いまもって、御病気の事に御申し越され、ついては貴体困難と察す。千万衷情を痛め労しおり候」と、病状がさらに進行して、困難をきたしていることに同情を注いでいる。白鳥の手紙には、卓三郎の妻と名乗る女性が、東京で卓三郎を探し回っているともある。白鳥は、当分は身を隠し、東京には絶対に出てくるなと忠告している。かつて同棲していた女性の必死の捜索は、卓三郎を精神的に苦しめただろう。卓三郎の憲法起草は、このように心身ともに逆境のなかでの作業であった。

卓三郎死す

翌一八八二年(明治一五年)六月、卓三郎は群馬県の草津温泉へ二か月ほど湯治に出かけている。深沢父子をはじめ五日市の仲間有志一二名がカンパをしてくれた。療養が目的だったが、草津の湯は結核には効果がなかった。この温泉場の浴房で、卓三郎は初めてハンセン病患者に出会い、ショックをうけている。さらに翌八三年の九月の深沢宛の書簡には、「肺病の方が危篤にて咳嗽、血痰、昼夜止まず」という状態だが、卓三郎は「必ず死に至らず、本月末にはきっと貴館」を訪ねると、生きることに強い執着を示している。

この間、深沢父子は少しでも栄養をと鶏卵などを差し入れ、看護人を世話し、さらには最新の治療を受けさせるため、卓三郎を本郷龍岡町の病院（現東京大学医学部附属病院か）に入院させている。実は同じころ、深沢権八も体調を崩しており、妻の流産も重なって苦しい状況にあった。卓三郎と権八の二人が互いの体を気遣い合う書簡も残っている。権八は献身的に卓三郎を支えた。しかし、このような仲間たちの懸命の援助にもかかわらず、卓三郎の病状は悪化の一途をたどり、「腸痛劇疼（げきとう）にして、肝をかき泣（なみだ）を流し、手足をもがきて苦しみ」と、悲鳴を上げる苦しみのなか、一八八三年（明治一六年）一一月一二日、入院先の本郷龍岡町の病院で亡くなった。享年三一歳。

卓三郎の死から二年後、後事を託された広田家の息子久の手紙には、卓三郎の遺品のなかでも「日本帝国憲法書は大に辛苦且つ努力して成りし者の由、もっとも是がため、氏の病気も一層不出来（ふでき）に陥（おちい）り候ものと相見え」との文言がある。病気をさらに悪化させるほど、精神と肉体を酷使した草案起草であったことがうかがわれる。五日市憲法は、卓三郎が命を削りに削って仕上げた最後の仕事であった。草案に込めた卓三郎の思いと希望はきわめて重い。

遺品の整理

起草され浄書された五日市憲法は、全国の他の民権結社と同じように、一八八一年（明治一四年）秋に予定されていた国会期成同盟第三回大会に提出されるはずであった。しかし、すでに述べたように、政治情勢の変化によって第三回大会は宙に浮いた形になり、各地の憲法草案は持ち寄られることなく終わった。草案の浄書綴りは、一八八三年に卓三郎が没するまで、彼の手元に保管されていたと思われる。

亡くなった卓三郎の遺品整理は、深沢名生（なおまる）・権八父子の役割だった。遺言により仙台で千葉家を継いでいた広田隆友と連絡をとり、東京にいた息子の広田久に遺品を一括で送ったことがわかっている。卓三郎が亡くなって七か月後、一八八四年（明治一七年）六月のことである。広田久から深沢権八宛の葉書が残っている。要約してみよう。

「五日市からの荷物は一昨日到着しました。お話の憲法之草案を取り調べたところ、届いた荷物の中にありました。薄葉紙（うすようし）三冊、□（不明）紙壱冊で、全部で四冊です。これで完全でしょうか。確認してください。「富国策」は、白鳥の手元にあるとのことです」

五日市憲法の草案綴りは、卓三郎の他の遺品とともに、広田久のところに送られていたことがわかる。「お話の憲法之草案」とあるので、権八の方から遺品のなかにあるかどうか尋ねたのであろう。広田久からは「全部で四冊」という返事があり、これで完全かどうか問われている。双方ともに憲法草案についてはとりわけ注目していることがわかる。

さきにも述べたが、翌八五年の息子久から父隆友に宛てた書簡も残っている。非常に興味深い内容なので、少し長いが要約してみる。

「卓三郎の著作の九冊(中略)は、仙台に送りました。そのうち「日本帝国憲法」は、卓三郎が存命中、元老院議官中嶋信行氏と有名な弁護士の星亨氏に見せたところ、大いに賛意を得たと聞いています。そこで、この表の価格で売りさばきたいと思って、あちこち問い合わせましたが、買いたいという人が現れませんでした。ですので、父上に差し上げます。仙台あたりの本屋などでは、前の表の価格とは異なっても、欲しいという者もいるのではないかと思います。もし現れたら引き渡してください。万一希望する人がなかった場合は、新聞社などと相談して、投書などの方法で知らせれば、幾分かの価格で売れると思います。精々検討してみてください。卓三郎が辛苦して書き上げたものを、徒に箱中に残し置いていては、いかにも遺憾の至りです。なかでも「日本帝国憲法」は、卓三郎が大いに苦労し努力して書き上げたものです。これを書くために、卓三郎の病は一層悪くなったようです。それだけに、なんとか公のものにしたいと思います」

卓三郎の著作九冊とは、「日本帝国憲法」、「王道論」、「読書無益論」、「神経病総論」、「地震考草稿」、「富国策」(未発見)、「演説草稿」二冊、「タクロン・チーバー氏法律格言」を指す(推定)。いずれも同じ深沢家の土蔵から見つかったもので、未公刊の著作である。このうち「タクロン・チーバー氏法律格言」は、卓三郎独特の気位の高さとユーモアが読み取れる。自らを

「ジャパネス国法学大博士　タクロン・チーバー（卓論・千葉）」と称するこの著作は、一八七八年（明治一一年）五月に元老院が発行した『法律格言』を読み替え、主語である国王と国民を逆転し、その意味を換骨奪胎して、卓三郎なりの格言に仕立て直している。

いくつか紹介しよう。まず、「国王ハ死ス、国民ハ決シテ死セズ」という格言がある。これは元老院『法律格言』にある「国王ハ決シテ死セズ」の読み替えである。国王は絶対的な存在ではなく、滅びるものである。それに対して、国民こそ決して滅びない存在なのだと断言する。また、「国王の允許は確実の允許とす可し」を「全国民の允許は確実の允許とす可し」と読み替え、政治上の最終的な判断は国王ではなく国民が行うと言っている。

もっとも注目すべきは、「若し人君の権利と臣民の権利と集合する時は、人君の権利を勝りとす可し」とあるのを、「若し人民の権利と人君の権利と集合する時は、人民の権利を勝りとす」と読み替えていることだろう。人民の権利は当然、国王の権利に優先すると明言しているのである。タクロン・チーバーの法律格言は、国王と国民との関係を論じたものであるが、卓三郎の思想からすれば、政府と国民との関係も同様の位相でとらえているといえるだろう。

一方、「王道論」という著作では、皇極と民極との関係を論じる。卓三郎によれば「有極［憲法］を建て、大同に従う［国会を開く］」ことが王道であり、それこそ立憲政体なのだと説く。また、皇極と民極とがともにバランスよく立つことが王道であるともいう。王権の無極は専制となり、民極の無極は専横になり、それは王道といわない。皇民ともに有極を建てることが、すなわち国憲の制定になるのだという。王権の無極は、和洋の歴史を踏まえれば、必ず政府転覆の政変となる。王道とは皇極を建て、民極をなし、人民の権利を重んじることであり、それが立憲政体の樹立につながるのだと説く。つまり、卓三郎の王道論は、君民共治の立憲政体をつくることを理想としているのである。

これは「タクロン・チーバー氏法律格言」で、「国王は人の権力の下に在らず、而して天〔神〕と法律との下に在り、国民も人の権力の下に在らず、而れども天〔神〕と法律との下に在り」と述べていることにも通じる。だからこそ、君民が一致して王道を顕彰しなければならないと論じているのである。また、こうした論が、五日市憲法の底流をなしていると考えられる。

浄書綴りのゆくえ

遺品を預かった広田父子は卓三郎の著作を、自分のところで死蔵しておくよりはと考えて、希望する人に売ろうと考えていた。とくに「日本帝国憲法」については思い入れがあり、これをなんとか公にして世に知らしめたいと希望していた。しかし、憲法草案の浄書綴りは、五日市の深沢家土蔵に眠っていた。五日市の深沢権八の方から、もう一度五日市に戻してほしいとの希望が伝えられたのではないか。そうでなければ、深沢家土蔵にあるはずがない。

では、深沢父子はなぜ取り戻したいと思ったのだろうか。推測するしかないが、憲法草案の起草には、自分たちも大いに関わっていたという自覚があったからと考えるのが、妥当なところだろう。卓三郎ひとりの仕事というよりも、五日市の自由民権運動に関わったすべての仲間との共同作業の成果であるとの思いがあったのではないか。

卓三郎が五日市で最も信頼をおいていたのが、深沢父子であったことは疑いない。卓三郎は手紙の中で折にふれて、深沢父子の支えに感謝の意を示している。卓三郎の仕事を、資金面でも、生活面でも、また心の面でもサポートし、起草の状況をごく近くでつぶさにみてきた深沢父子だからこその、強い思いがあったであろう。遺言により一度は引き渡した遺品だが、卓三郎が命をかけて書き上げた憲法草案を、やはり自分たちの手元に大事に置いておきたいと強く願ったのではなかろうか。それは深沢父子だけの思いではなく、五日市の自由民権のメンバーたちにとっても同じ思いではなかったか。

五日市では深沢権八らを中心に、建極党や憲天教会などの結社を通じて運動が続けられた。一八八五年(明治一八年)、権八はまた、学芸講談会の主要メンバーとともに「国会開設期限短縮建白書」をまとめている。五箇条の誓文や国会開設の詔勅を引き、日本の置かれた内外ともに厳しい状況を指摘しながら、一日も早い国会の開設と立憲政体の樹立を要望する建白書である。権八らは、卓三郎亡き後も、自由民権運動の火を燃やし続けていたのである。

卓三郎の「法の精神」

憲法を起草するにあたり、卓三郎は制法の精神を自分なりにしつこく研究している。一八八一年一月から書き記した備忘録のようなメモ帳が残っている。「造化生殖妙理新説」と摩訶不思議なタイトルがついている。天地・宇宙・自然の道理について書き記した、卓三郎ならではの個性的なメモである。そのなかに、宮城県の民権家、国分豁が『進取雑誌』(一・二号に掲載。一八八一年二月)で発表した「制法論」に関するメモがある。おそらく憲法起草に取り組んでいた最中の頃であろう。法律を制定するための基本原理を書き留めている。

国分は、法を立てる場合、「道理に遵う」「時世に適する」「風土を察する」の三つを基本原則としなければならないと述べる。そして、現実の法文化にあたっては「時勢を察し、時俗を揣り、民情を視る」ことが必須条件だという。時代の移り変わりを察し、時代の風俗をおしはかり、民の事情をよくみること。法とは、この三点を踏まえて立てるものである。卓三郎は、国分のこうした論点を書き写している。

「造化生殖妙理新説」にはさらに、ベーコン、モンテスキュー、ブルンチュリ、ベンサム、スミス、あるいは公孫鞅、管夷吾、慎子、文子、淮南子、などの名言が記されている。たとえば、イギリスの哲学者ベーコンからは「政令法律ハ風土人心ノ向フ所ヲ察スルニ在ルノミ」を引き、フランスの政治思想家モンテスキューからは、事理をわきまえ、最もふさわしい政府というものは、「其施設スル所ノ規模、条理、能ク之ヲ設立スル所ノ人民ノ情性ニ適応スルモノノ外ニアラズ」を引いている。さらに、スイスの法学者ブルンチュリからは「各国ノ制度、憲法ハ其国民ノ性情ト求需トニ適応スルヲ要スルコト当然ナリ」を、また、ドイツの政治学者ビーデルマンからは「政令制度ヲ設立スルニハ、必ズ其時勢ト民性トニ恰当(こうとう)ナル者ヲ撰バザル可ラズ」を引く。イギリスの思想家ベンサムからは「立法者ハ公同ノ幸福(パブリックグード)ヲ以テ、其目的トセザル可ラズ」を、また同国の経済学者アダム・スミスからは「法律ハ一国人民ノ便利ト安全トヲ保存スル為ニ須臾(しゅゆ)モ欠可(かくべか)ラザル者」を引いている。さらに、誰の文章かは記されていないが、次のようなものを書き留めている。

「文明ノ国ハ憲法ヲ確定シテ、以テ武官ヲシテ敢テ和戦ノ是非得失ヲ議セシメズ、只管(ひたすら)君命ヲ奉ジテ攻伐守ニ従事セシムルノミ、然ルニ若シ従ニ議セシメ、輒(すなわ)チ其権ヲ施行セシムルトキハ、所謂鬼ニ金棒ヲ与フルニ同キ恐(おそれ)アルベシ」

戦争を始めるか、あるいは止めるか。その最後の議を決めるに際して、軍人に「鬼ニ金棒ヲ与ヘル」ような意思決定の仕組みにしてはならない。その後の日本の歴史を省みるとき、深く考えさせられる文言である。卓三郎の先見の明を感じずにはいられない。

「国家ハ人民ニ因テ立ノ名ナリ、政府ノ務ハ必ズ人民ヨリ起リ、政府ノ事ヲ施ス、必ズ人民ヲ安ズルノ称ナリ」

国家は人民によって成り立ち、政治は必ずや人民の平安と幸福につながるものでなければならない。これは、まさに国民主権の基本を押さえた文言であろう。卓三郎がこの文言に注目し、書き留めた意図は、そのまま五日市憲法の精神へとつながっていく。

卓三郎は、こうした古今東西の箴言から自分自身の「法の精神」を獲得していったのであろう。そして、自分なりに考究を重ねた末、「法律主要之目的」は「人民之権利」を保護し、「社会ノ安寧」を維持することにある、との結論を導き出した。法というものは、人心や民情から離れたものであってはならない。また、人心や民情に沿ったものでなければ、人民の幸福や安全を守ることはできない。卓三郎は、強くそう認識するに至った。こうした卓三郎の認識が、五日市憲法の「法の精神」となり、制法の原点となるのである。

卓三郎が最後の力を振り絞って完結させた五日市憲法草案は、卓三郎自身の人生の集大成であった。しかし、それは同時に、新しい日本の姿を夢見た、ひとりの民権思想家が残した近代遺産でもあるのではなかろうか。

終　章　五日市憲法のその後

「五日市憲法」命名のいきさつ

いつ頃であったろうか、副手の江井秀雄氏と一緒に、教授の家に招かれたときのことである。この憲法草案の名称について話が及んだ。正式名称は「日本帝国憲法」だが、私が最初に手にしたときと同じように「大日本帝国憲法」の写しと間違えられることはないか。誤解がないように、われわれ発見者が新たに命名してはどうか。そんな話になった。

では、あの憲法草案にふさわしい名称とは、いったい何だろうか。教授は以前からこのように発言していた。「卓三郎を迎えた五日市は、すでに民権運動の口火を切っておりまして、そういった活発な雰囲気というものを作っておった。そのことが彼にたいへんな勇気とそういう大事業を成し遂げる機会を提供したのだと思うのです。(中略)そういった五日市の人々の努力、学芸講談会による憲法起草に対する彼らの働きかけ、そういったものの「場」としての五日市が、まさにこの憲法にふさわしいと考えたからなのです」(一九八一年五月)

「五日市憲法と呼ぶことにしてはどうか」との教授の提案を受け、色川、江井、新井の三人で話し合った結果、全員の同意のもとにそう決めたのを覚えている。それ以来、私たちは、講演、講座、あるいは論文などで「五日市憲法」という名称を使ってきた。一度は遺族に返しながら再び取り戻してまで、草案を手元に置きたいと願った深沢権八の思い。それも、私たちがこの憲法草案を「五日市憲法」と呼ぶことにした理由のひとつである。

名称への批判

ところが、「五日市憲法」という名称は、図らずも厳しい批判にさらされることになった。五日市の地元の方々から、「五日市憲法」という名前だけが一人歩きし、誤解が生じているとの批判である。その批判は、色川・江井・新井の共著『民衆憲法の創造』への批判とも重なっていた。憲法草案を「民衆憲法」と位置づけたことに対する疑問と反論である。

五日市の学芸講談会は、この地域の支配的な立場の人たちがメンバーであって、「名もなき民衆」が参加していたわけではない。当時の五日市で、法理解において千葉と対等に付き合える人材などいなかったのではないか。もしいたとしても、村の支配層のごく一部だけであろう。条文の逐条審議にどれだけの人が参加したかも確認されていない。討論題集に記されている論題が、実際に討論されたことを確認できる史料も見つかっていない。『民衆憲法の創造』では、五日市があたかも自由民権運動のメッカであったかのように述べられているが、もしそうであったとしたら、いまの五日市にその痕跡がみられないのはなぜなのか。

地元地域の人々からのこうした批判に、私は戸惑うと同時に衝撃を受けた。千葉たちの運動は本当に一部のメンバーだけによるものだったのか。自由民権運動の経験は、この地に何も残さなかったのか。地元の方々であればこその指摘を受け止める一方、私の中ではそういう疑問が生まれていた。もう少し長い目で、この地域の歴史を掘り起こす必要があるのではないか。そう考えるようになった。

たとえば、大正デモクラシーの時代にまで時間の幅を広げて、この地域の歴史をみてみたらどうか。あるいは、戦後の民主主義運動のなかでとらえなおしてみたらどうだろうか。もしかしたら、そこには地元の方々もまだ気づいていない、埋もれた歴史があるかもしれない。五日市には、明治の自由民権運動で培われた民主主義の伝統のようなものが、時代を超えて流れているのではないのか。そんなかすかな希望を持ちながら、あらためて大正期と戦後直後の時代にまで広げて、この地域の調査研究を進めることにした。

歴史の伏流にたどり着く

大正デモクラシーの時代と呼ばれた一九一〇年代、全国各地では、政治、社会、文化などの自由主義的、民主主義的な運動が大きく展開する。そのなかで法学士の鈴木文治が、一九一二年(大正一年)に労働団体の友愛会を結成し、労働者の地位向上に向けて動き出した。その三年後の一九一五年(大正四年)には、青年団の青年たちが五日市に「友愛会五日市分会」(のちに秋川分会)を設置する。同年、五日市を訪問した鈴木会長は、この地域の人々が「進取的気象に富んで」いることや、有力者たちが「公共の事には率先して尽力」していることから、「この小天地に、何かしら精神的な香ひ、潤ひ」があると語っている(『労働及産業』)。初めて訪れた鈴木の直観の意味は大きい。自由民権から三四年後のことである。

また、一九四五年(昭和二〇年)の敗戦から数年間、全国各地で「戦後地域文化運動」が一気に花開いた時代がある。そのときの五日市は果たしてどうだったろうか。六つの文化団体が結成され、経済学、文学、美術などをはじめ、青年を中心に五日市夏期大学の開催にいち早く動き出している。さらに一九四七年(昭和二二年)には、なんと深沢権八の孫の深沢一彦を会長に、疎開で外から五日市に入ってきた上田博を副会長にして「五日市新政会」が設立された。スローガンは三つ、「民主的な明るい町政の確立」「独占的権力政治の排撃」「文化政策の確立とその急速な実施」。新時代は自分たちが背負うのだという強い意識が働いており、周辺の他地域からは「他に見られない力強さ」と「一人一人の底力」や「たのもしさ」があると評価された。

さらにそのあと発足する「新農村文化会」は、「外から」「上から」の力ではない、「下から」の力で、主体的な民衆の覚醒を目指すと宣言した。急ごしらえの底の浅いグループではない力が、この地域にはあるということだろう。五日市という場に蓄積されてきた民権意識や文化の厚みが伏流となっていることを、私は初めて意識することができた。その歴史の重みが、「戦後民権」を突き動かしたといってもよいだろう。歴史発掘の真髄だったかもしれない。地域の歴史を軽んじてはいけないという教訓でもあった。

時間はかかったが、いまでは私なりの結論に到達できたと思っている。五日市という地域からこの一世紀をみたとき、「明治百年」とは異なる別の姿を描きだすことができた。その歴史の伏流にたどり着いたときは、私なりの感動があった。明治、大正、昭和、それぞれの時代のなかで、五日市の人々はやはり輝いていたのである。

むすびにかえて

一九六八年の夏、あの土蔵の中で五日市憲法の草案を最初に手にしたことが、私の人生を大きく変えた。いまでも、あの出会いがなかったら、どんな人生を歩んでいただろうかと自問することがある。それから半世紀を迎え、この間、さまざまな人との出会い、多くの人の物心両面にわたる支えがあったことに、あらためて思いが向く。同時に、一方で迷惑をかけてきたのではないかとも思う。その都度、これでよいのかと迷うこともあったが、一つひとつ研究を積み上げていくこと、史料に向かうときは冷静かつ真摯に取り組むことを、自分に課してきたつもりである。

大学を卒業するとき、ゼミの指導を受けた色川大吉教授から、こんな言葉をもらった。

「君は二十代の若さで、歴史研究者が一生かかっても出会えるかどうかのビッグ史料に出会ってしまったが、この経験がよかったのかどうかは、これからの君次第だよ」

「よかったのかどうか」とは、場合によっては、その経験がマイナスに働くという意味であろう。この含蓄のある言葉は、今日まで半世紀の間、しばしば私の頭の中をよぎった。「歴史研究に対して、決して驕ってはならない。謙虚になれ」。私なりにそう理解してきた。研究上、ときに壁にぶち当たることもあったが、五日市憲法を嚆矢に、いくつかの新史料との出会いにも恵まれた。竹橋事件で獄中死した栗原猪十郎文書、在米民権運動史研究の核となる新聞資料、在米時代の南方熊楠の新史料、虐殺事件を記した軍事郵便などである。いずれの史料との出会いにおいても、教授からうけた言葉を忘れたことはない。

時の流れのなかで、五日市憲法はいっそう輝きを増し、一条の光を強く放つことがある。心にしみる場に立ち会うこともあった。五日市憲法の発見から一一年目の一九七九年、起草者千葉卓三郎ゆかりの地の三か所でそれぞれ、市民らの手によって記念碑が建立された。その除幕式の場に、関係者の一人として立ち会ったときの感動はいまも忘れられない。

同年一一月三日、起草の地・五日市町役場の前(当時)に建立された「五日市憲法草案之碑」を皮切りに、同月一一日、千葉家の墓所で卓三郎の菩提の地・仙台市北山の資福寺境内に「千葉卓三郎顕彰碑」が、その翌一二日、千葉生誕の地・宮城県栗原郡志波姫町(当時)の役場敷地内に「千葉卓三郎顕彰碑」が建立され、副碑とともに除幕式が行われた。それぞれの碑には、ご当地ゆかりの銘石に、五日市憲法から抜粋された六か条を刻んだ銅版がはめ込まれている。

ほぼ同時に三つの碑が建立されるなど、他に例はないだろう。そう思いながら、私は除幕式をみつめた。あの夏の土蔵調査から始まった、私たちの五日市憲法と千葉卓三郎の探索行も、ついにここまで来たか。そんな感慨とともに、五日市憲法はもはや私たちだけのものではなくなったのか、との重い実感も湧いてきた。この除幕式は、草案の発見から始まった私の歴史研究の一つの到達点であったが、「この日を新しいスタートにしなければ」と思いを新たにするきっかけにもなった。

五日市にある「五日市憲法草案之碑」

日本の近現代史一五〇年のなかで、憲法というものに国民の関心が集まった時代が三度ある。私はそう考えている。誰からも、どこからも強いられたわけでなく、人々が自ら、この国のあり方を「憲法」という形にして創造しようとした時代である。ある種のビジョンを打ち立て、提起し、議論し、それぞれの理想を憲法に託した時代である。それは、政治というものが、私たち自身ときわめて近く感じられたからこそ生まれた時代でもあった。

第一の時代は、日本がまだ憲法をもたなかった、幕末維新期から大日本帝国憲法発布までの二十数年間である。

この時代はまた、一八七〇年代から八〇年代にかけての自由民権運動の時代でもあった。各地の結社を中心に起草された「私擬憲法」は、一〇二種（修正案、増補案、未確認のものも、それぞれを一つとしてとらえての数）が確認されている。本書で取り上げた五日市憲法を産み落とした時代である。「創憲(そうけん)の時代」ともいわれている。

第二の時代は、アジア・太平洋戦争が終結した一九四五年八月から、日本国憲法公布までの一年あまりである。第一の時代に比べると草案の数は少なく、まだ研究も進んでいないが、日本共産党、日本自由党、日本進歩党、日本社会党などの政党をはじめ、憲法研究会、大日本弁護士会連合会、憲法懇談会、帝国弁護士会などの団体、さらに鈴木安蔵、高野岩三郎、稲田正次、佐野学、清瀬一郎、布施辰治、里見岸雄、中村哲(あきら)、寒川(さがわ)道夫などの個人が、いま確認できるだけで二九種の草案を起草していた。これらは、通称「民間憲法」と呼ばれる。なかには、稲田正次のように、敗戦前の時点から新しい日本の姿を考え抜いていた人もいる。

第三の時代は、現在進行形である。一九五〇年代後半からの半世紀あまりの動きをみると、さまざまな案が生み出されている。まだほとんど研究も進んでいない状況であるが、私が確認しているだけで五二種ある。研究者などの個人の場合もあるし、現職の政治家の例もかなりある。また、政党や政治団体も複数起草している。大学や新聞社による起草もある。とりわけ、保守陣営からの積極的な起草（改憲）の動きが注目される。

昨今は「護憲」や「改憲」にとどまらず、「加憲」「創憲」といった言葉も使われるようになり、憲法をめぐる報道や議論も日常的になってきた感がある。いずれにしても、私たちは日本の近現代史のなかで、すでに第一の時代と第二の時代を経験し、いまふたたび憲法と向き合う第三の時代にいることを自覚したい。私たちが生活のなかで、どれだけ憲法を意識できているかが問われているのである。

そんなとき、私はいつも日本国憲法の第一二条を思い出すことにしている。

この憲法が国民に保障する自由及び権利は、国民の不断の努力によつて、これを保持しなければならない

私自身、「不断の努力」をしているかと問われれば正直なところ心許ない。しかし、第三の時代の渦中にあって、私たちはあらためて歴史に学ぶことが求められているのではなかろうか。

あるいは本書は、もっと「五日市憲法」そのものを語る本にすべきだったのかもしれない。しかし、草案の綴りを最初に手にした私が、その史料とどのように格闘してきたか、私自身の体験を抜きにしては語れないと思い、いま振り返ると恥ずかしい体験も含め、「研究自分史」

を織り込むことにした。その体験がどれだけ私を成長させてくれたか、私自身が自覚しているからこそ語っておきたい。そんな願望が執筆中に芽生えたことを白状しておきたい。と同時に、歴史研究のダイナミズムと醍醐味を私だけにとどめず、読者のみなさんと少しでも共有できればとの思いも強くはたらいた。拙い卒論の話にまでさかのぼって語った理由でもある。

それにしても、本書を執筆しながら、半世紀にわたり付き合ってきた五日市憲法とその起草者千葉卓三郎には、まだまだ追求しきれていない事実があることにも、あらためて気づかされた。その最大の原因は筆者の非力にあることは否定できないが、歴史研究に終わりはないということでもあろう。

これまでさまざまな場面で、いつも厳しい目をそそいで、未熟な私を鍛えていただいた、ゼミの指導教授であった歴史家・色川大吉先生(東京経済大学名誉教授)には感謝の言葉もない。先生には、本書では「教授」として幾度も登場していただいた。いくつもの決定的な場面で先生から投げかけられた言葉は、私が成長していくうえでの糧となった。先生にとっては迷惑かもしれないが、これからどんなに歳月を重ねようとも、私にとって先生は歴史研究のうえでの師であり、学問上の刺激を相互にうけていく存在であるという意識で、対峙していきたいと思っている。また、掲載の土蔵調査時の写真は、先生や江井秀雄氏の撮影写真を使用させていただいた。

千葉卓三郎の探索行では、私の背中を押し、東北から神戸まで行動を共にしていただいた、江井秀雄氏にも感謝をしたい。本書を執筆するにあたり、ご著書『自由民権に輝いた青春——卓三郎・自由を求めてのたたかい』(草の根出版会、二〇〇二年)は、大いに参考にさせていただいた。

土蔵調査を担った色川ゼミ同期の六期生(足立原譲、斎藤至孝、斎藤博美、それに故荒川尚人)の四名と、その後も深沢家文書の整理に取り組んでくれた七期生・八期生やゼミの後輩たちにも、あらためてお礼を述べ、ここに半世紀ぶりの報告をさせていただく。

すでに故人となってしまわれたが、土蔵調査にあたって、私たちのたっての希望を承諾していただいた、深沢家の当時のご当主・故深沢一彦(かずひこ)氏、故深沢登美子さん、それに現ご当主の深沢篤彦氏にもお礼を申し上げたい。そして、卓三郎の遺品をご提供くださった千葉家のご子孫の故千葉敏雄氏、ご息女の故千葉若子さん、仙台の故千葉胤雄(たねお)氏、これらの方々のご協力があってこその私の研究だったことを、あらためて自覚し、感謝申し上げます。

千葉卓三郎の探索行でお世話になった方々が数多くおられる。とくに宮城の地域史を最初に手ほどきをしていただき、多くの情報を提供してくださった仙台の故逸見(へんみ)英夫氏、宮城県の自由民権運動史研究者の故森田敏彦氏、士族籍の情報をいただいた仙台市立博物館学芸員だった佐藤憲一(のりかず)氏、志波姫町の郷土史家・故佐々木運玠(うんたい)氏、故那須(なす)勇氏、同町の町長・故鈴木源次郎氏、地元五日市では、郷土史家の故石井道郎氏、ゼミ先輩の溝口重郎氏、日の出町の故宮田正作氏、東大和市の鎌田茂栄さんにお礼申し上げる。また、五日市憲法を最初にラジオとテレビで取り上げてくれた、かつてのＮＨＫ職員の阿部・森山・小山・渡辺の各氏、脚本家の能勢紘也氏の支援も忘れがたい。ここでお名前を挙げられなかった方々へもあらためて感謝したい。

また、本書出版への道を開き、ついつい怠惰にながれやすい私を叱咤激励してくれた、歴博時代からの良き先輩である歴史研究者の高橋敏氏に、深甚なる感謝の意をささげたい。また、岩波新書編集長の永沼浩一氏には、あつくお礼申し上げたい。

また、長年の同志である草志会の面々(小作壽郎、桜澤一昭、菅井憲一、松本三喜夫、宮嶋繁明、杉山弘ら)の精神的バックアップも、ありがたかった。お礼を述べたい。さらに研究上の議論仲間である自由民権研究会(安在邦夫、福井淳氏ら)と「五憲の会」の方々にも感謝したい。

最後に、執筆期間がごく短期間しかなかったため、集中せざるをえなかった事情もあって、家事全般に負担を強いた家人に、あらためて感謝したい。

二〇一八年四月　憲法記念日を前に

新井勝紘

参考文献

新井勝紘編『自由民権と近代社会』日本の時代史22、吉川弘文館、二〇〇四年
色川大吉・江井秀雄・新井勝紘『民衆憲法の創造』評論社、一九七〇年
色川大吉編著『五日市憲法草案とその起草者たち』日本経済評論社、二〇一五年
江村栄一編『自由民権と明治憲法』近代日本の軌跡2、吉川弘文館、一九九五年
家永三郎・松永昌三・江村栄一編『明治前期の憲法構想』福村出版、一九六七年、増訂一九八五年、新編二〇〇五年
武相民権運動百年記念実行委員会『憲法を考える――民権期の私擬憲法と戦後憲法』一九八一年
武相民権運動百年記念実行委員会『続憲法を考える――五日市憲法百年と戦後憲法』一九八三年
「五日市憲法草案の碑」記念誌編集委員会編『「五日市憲法草案の碑」建碑誌』五日市憲法草案顕彰碑建設委員会、一九八〇年
千葉卓三郎顕彰記念誌編集委員会編『民衆憲法の父・千葉卓三郎』志波姫町千葉卓三郎顕彰碑建設委員会、一九八〇年
仙台市千葉卓三郎記念碑建設委員会『千葉卓三郎建碑記念誌』仙台市千葉卓三郎記念碑建設委員会会長菊地養之輔、一九八〇年
あきる野市企画財政部企画課『五日市憲法と深沢家文庫』あきる野市、二〇〇五年

町田市立自由民権資料館編『草の根の民衆憲法』民権ブックス3、町田市教育委員会、一九九〇年
色川大吉『明治の文化』岩波書店、一九七〇年
色川大吉『新編明治精神史』中央公論社、一九七三年
色川大吉『自由民権』岩波新書、一九八一年
石井道郎『戸倉物語』けやき出版、一九八五年
石井道郎『父が語る　五日市人のものがたり』けやき出版、一九九四年
相沢源七『千葉卓三郎の生涯』宝文堂、一九九〇年
岡村繁雄『草莽の譜――五日市憲法とその周辺』かたくら書店新書24、一九八七年
岡村繁雄『民の旗――五日市憲法誕生』かたくら書店、二〇一四年
江井秀雄『自由民権に輝いた青春――卓三郎・自由を求めてのたたかい』草の根出版会、二〇〇二年
山口昌男『「敗者」の精神史』上・下巻、岩波現代文庫、二〇〇五年
伊藤始・杉田秀子・望月武人『五日市憲法草案をつくった男・千葉卓三郎』くもん出版、二〇一四年
鈴木富雄『ガイドブック五日市憲法草案』日本機関紙出版センター、二〇一五年
色川大吉編『三多摩自由民権史料集』上・下巻、大和書房、一九七九年
町田市立自由民権資料館編『立憲制要求期の政治運動』武相自由民権史料集第二巻、町田市教育委員会、二〇〇七年
森田敏彦　史料紹介「千葉卓三郎関係資料」宮城学院女子大学基督教文化研究会、一九七四年
逸見英夫「千葉卓三郎に関する新資料」復刊『仙臺郷土研究』第六巻第一号、仙台郷土研究会、一九八一年

福井淳「都市民権結社の支社について——嚶鳴社を中心として」明治維新史学会編『明治維新の地域と民衆』所収、吉川弘文館、一九九六年
小西豊治「創憲の時代——明治一〇年代憲法構想をめぐって」法学新報、第一〇九巻第一・二号、中央大学法学会、二〇〇二年四月
川原健太郎「千葉卓三郎にみる「外来青年」についての研究」早稲田大学大学院教育学研究科紀要別冊一一号(二)、二〇〇三年
西腰周一郎「五日市学芸講談会と地域社会」早稲田大学大学院文学研究科紀要、第五七輯、二〇一一年
新井勝紘「千葉卓三郎私論(一)」多摩のあゆみ、第一七号、多摩中央信用金庫、一九七五年
新井勝紘「私擬憲法の起草過程について——五日市憲法草案の場合」色川大吉編『民衆文化の源流——東国の古代から近代へ』平凡社教育産業センター、一九八〇年
新井勝紘「ハリストス正教会と民権家たち　千葉卓三郎の思想と行動」福音と世界(特集/自由民権とキリスト者)、新教出版社、一九八一年一〇月
新井勝紘「「卓三郎とその時代」をめざして——千葉卓三郎試論」『展』第二号、明窓社、一九八一年
新井勝紘「五日市の民権運動と地域社会変革」住民と自治、第二二四号、自治体研究社、一九八一年
新井勝紘「自由民権運動と図書館——五日市憲法と深沢文庫」図書館史研究、第四号、一九八七年

付録　五日市憲法草案

第一篇　国　帝
　第一章　帝位相続
　第二章　摂政官
　第三章　国帝権理
第二篇　公　法
　第一章　国民権理
第三篇　立法権
　第一章　民撰議院
　第二章　元老議院
　第三章　国会権任
　第四章　国会開閉
　第五章　国憲改正
第四篇
　行政権
第五篇
　司法権

日本帝国憲法　陸陽仙台　千葉卓三郎草

第一篇　国　帝

第一章　帝位相続

1　日本国ノ帝位ハ神武帝ノ正統タル今上帝ノ子裔ニ世伝ス其相続スル順序ハ左ノ条款ニ従フ

2　日本国ノ帝位ハ嫡皇子及其男統ニ世伝シ其男統ナキトキハ嫡衆子及其男統ニ世伝シ其男統ナキトキハ庶皇子及其男統ニ世伝ス

3　嫡皇子孫庶皇子孫及其男統ナキトキハ国帝ノ兄弟及其男統ニ世伝ス

4　国帝ノ嫡庶子孫兄弟及其男統ナキトキハ国帝ノ伯叔父（上皇ノ兄弟）及其男統ニ世伝ス

5　国帝ノ嫡庶子孫兄弟伯叔父及其男統ナキトキハ皇族中当世ノ国帝ニ最近ノ血縁アル男及其男統〔ヲ〕シテ帝位ヲ襲受セシム

6　皇族中男無キトキハ皇族中当世ノ国帝ニ最近ノ女ヲシテ帝位ヲ襲受セシム但シ女帝ノ配偶ハ帝権ニ干与スルコトヲ得ス

7　以上承継ノ順序ハ総テ長〔ハ〕幼ニ先タチ嫡ハ庶ニ先タチ卑族ハ尊族ニ先タツ

8　特殊ノ時機ニ逢ヒ帝位相続ノ順次ヲ超ヘテ次ノ相続者ヲ定ムルコトヲ必要トスルトキハ国帝其方案ヲ国会ニ出シ議員三分二以上ノ可決アルヲ要ス

9　帝室及皇族ノ歳費ハ国庫ヨリ相当ニ之ヲ供奉ス可シ

10　皇族ハ三世ニシテ止ム四世以下ハ姓ヲ賜フテ人臣ニ列ス

第二章　摂政官

11　国帝ハ満十八歳ヲ以テ成年トス

12　国帝ハ成年ニ至ラサル間ハ摂政官ヲ置ク可シ

13　成年ノ国帝ト雖トモ政ヲ親(みずか)ラスル能ハサル事故アリテ国会其事実ヲ認メタル時ハ其事故ノ存スル間亦摂政官ヲ置ク可シ

14　摂政官ハ国帝若クハ太政大臣之ヲ皇族近親ノ中ヨリ指名シ国会三分二以上ノ可決ヲ得ルコトヲ要ス

15　成年ノ国帝其政ヲ親ラスル能ハサル場合ニ於テ国帝ノ相続者既ニ満十五歳ニ至ルトキハ摂政官ニ任ス此場合ニ於テハ国帝若クハ太政大臣ヨリ国会ニ通知スルニ止〔リ〕テ其議ニ附スルヲ要セス

16　摂政官ハ其在官ノ間名爵及儀仗ニ関スルノ外国帝ノ権利ヲ受用スル者トス

17　摂政官ハ満廿一歳以上ノ〔成〕〔年〕タル可シ

第三章　国帝ノ権利

18　国帝ノ身体ハ神聖ニシテ侵ス可ラス又責任トスル所ナシ

万機ノ政事ニ関シ国帝若シ国民ニ対シテ過失アレハ執政大臣独リ其責ニ任ス

19　国帝ハ立法行政司法ノ三部ヲ総轄ス

20　国帝ハ執政官ヲ任意ニ除任免黜(めんちゅつ)シ又元老院ノ議官及裁判官ヲ任命ス

但シ終身官ハ法律ニ定メタル場合ヲ除クノ外ハ之ヲ免スルコトヲ得ス

21　国帝ハ海陸軍ヲ総督シ武官ヲ拝〔排〕除シ軍隊ヲ整備シテ便宜ニ之ヲ派遣スルコトヲ得

但シ其昇級免黜退老ハ法律ヲ以テ定メタル例規ニ準シ国帝之ヲ決ス

22　国帝ハ軍隊ニ号令シ敢テ国憲ニ悖戻（はいれい）スル所業ヲ助ケシムルコトヲ得ス

且ツ戦争ナキ時ニ際シ臨時ニ兵隊〔ヲ〕国中ニ備ヒ置カント欲セハ元老院民撰議院ノ承諾ナクシテハ決シテ之ヲ行フ可ラサル者トス

23　国帝ハ鋳銭ノ権ヲ有ス貨幣条例ハ法律ヲ以テ之ヲ定ム

但シ通貨ヲ製造改造シ又己レ〔ノ〕肖像ヲ銭貨ニ鋳セシムルコトヲ得

24　国帝ハ爵位貴号ヲ賜与（しよ）シ且法律ニ依準シテ諸種ノ勲綬栄章ヲ授ケ又法律ヲ以テ限定スル所ノ恩賜金ヲ与フルコトヲ得

但シ国庫ヨリシテ之ニ禄ヲ賜ヒ賞ヲ給セラル、ハ国会ノ可決ヲ経ルニ非サレハ勅命ヲ実行ス可ラス

25　国帝ハ何レノ義務ヲモ負フコトナキ外国ノ勲級ヲ受クルコトヲ得又国帝ノ承諾アレハ皇族モ之ヲ受クルヲ得

但シ何レノ場合ヲ論セス帝臣ハ国帝ノ許允（きょいん）ヲ経スシテ外国ノ勲級爵位官職ヲ受クルコトヲ得ス

26　日本人ハ外国貴族ノ称号ヲ受クルコトヲ得ス

27　国帝ハ特命ヲ以テ既定宣告ノ刑事裁判ヲ破毀（はき）シ何レノ裁判庁ニモ之ヲ移シテ覆審セシムルノ権アリ

28　国帝ハ裁判官ノ断案ニ因リ処決セラレタル罪人ノ刑罰ヲ軽減赦免ノ恩典ヲ行フコトヲ得ルノ権ヲ有ス

29　凡ソ重罪ノ刑〔ニ〕処セラレ終身其公権ヲ剝奪セラレタル者〔ニ〕対シ法律ニ定メ〔タ〕ル所ニ由リ国会ノ議事ニ諮詢（しじゅん）シ其可決ヲ得テ大赦特赦及赦罪復権ノ勅裁ヲ為スコトヲ得

30　国帝ハ全国ノ審判ヲ督責シ及之ヲ看守シ其決行ヲ充分ナラシメ又公罪ヲ犯ス者アルトキハ国帝ノ名称ヲ〔以〕テ之ヲ追捕シ求刑シ所断ス

31　法司ヲ訴告スル者アルトキハ国帝之ヲ聴キ仍（な）ホ参議院ノ意見ヲ問フテ後ニ之ヲ停職スルコトヲ得

32　国帝ハ国会ヲ催促徴喚シ及之ヲ集開終閉シ又之ヲ延期ス

33　国帝ハ国益ノ為ニ須要（しゅよう）トスル時ハ会期ノ暇時ニ於テ臨時ニ国会ヲ召集スルコトヲ得

34　国帝ハ法律ノ議案ヲ国会ニ出シ及其他自ラ適宜ト思量ス〔ル〕起議ヲ国会ニ下附ス

35　国帝〔ハ〕国会ニ議セス特権ヲ以テ決定シ外国トノ諸般ノ国約ヲ為ス

但シ国家ノ〔担〕保ト国民ニ密附ノ関係（通商貿易〔ノ〕条約）ヲナスコトニ基ヒスル者又ハ国財ヲ費シ若クハ国疆（こっきょう）所属地ノ局部ヲ譲与変改スルノ条約及其修正ハ国会ノ承諾ヲ得ルニ非レハ其効力ヲ有セス

36　国帝ハ開戦ヲ宣シ和議ヲ講シ及其他ノ交際修好同盟等ノ条約ヲ準定ス但シ即時ニ之ヲ国会ノ両院ニ通知ス可シ且国家ノ利益安寧ト相密接スト思量スル所ノ者ヲ同ク之ヲ国会ノ両院ニ通照ス

37　国帝ハ外国事務ヲ総摂ス外国派遣ノ使節諸公使及領事ヲ任免ス

38　国帝ハ国会ヨリ上奏シタル起議ヲ允否（いんぴ）ス

39　国帝ハ国会ノ定案及判決ヲ勅許制可シ之ニ鈐［鈐（けん）］印（いん）シ及ヒ総テ立法全権ニ属スル所ノ職務ニ就キ最終ノ裁決ヲ為シ之ニ法律ノ力ヲ与ヘテ公布ス可シ

40　国帝ハ外国ノ兵隊ノ日本国ニ入ルコトヲ許スコト又太子ノ為メニ王位ヲ辞スルコトトノ〔二〕条ニ就テハ特別ノ法律ニ依リ国会ノ承諾ヲ受ケサレハ其効〔力〕ヲ有セス

41　国帝ハ国安ノ為ニ須要スル時機ニ於テハ同時又別々ニ国会ノ両院ヲ停止解散スルノ権ヲ有ス

但シ該解散ノ布告ト同時ニ四十日内ニ新議員ヲ撰挙シ及二ケ月内ニ該議院ノ召集ヲ命ス可シ

第二篇　公　法

第一章　国民ノ権利

42 左ニ掲クル者ヲ日本国民トス

一　凡ソ日本国内ニ生ル、者

二　日本国外ニ生ル、トモ日本国人ヲ父母トスル子女

三　帰化ノ〔免〕状ヲ得タル外国人

但シ帰化〔ノ〕外国人カ享有スヘキ其権利ハ法律別ニ之ヲ定ム

43 左ニ掲クル者ハ政権ノ受用ヲ停閣ス

一　外形ノ無能（癈疾ノ類）心性ノ無能（狂癲白痴ノ類）

二　禁獄若クハ配流ノ審判

但シ期満レハ政権剥奪ノ禁ヲ解ク

44 左ニ掲クル者ハ日本国民ノ権利ヲ失フ

一　外国ニ帰化シ外国ノ藉〔籍〕ニ入ルモノ

二　日本国帝ノ允許ヲ経スシテ外国政府ヨリ官職爵位称号若クハ恩賜金ヲ受クル者

45 日本国民ハ各自ノ権利自由ヲ達ス可シ他ヨリ妨害ス可ラス且国法之ヲ保護ス可シ

46 日本国民ハ国憲許ス所ノ財産智識アル者ハ国事政務ニ参与シ之レカ可否ノ発言ヲ為シ之ヲ議スルノ権ヲ有ス

47 凡ソ日本国民ハ族藉〔籍〕位階ノ別ヲ問ハス法律上ノ前ニ対シテハ平等ノ権利タル可シ

48 凡ソ日本国民ハ日本全国ニ於テ同一ノ法典ヲ準用シ同一ノ保護ヲ受ク可シ地方及門閥若クハ一人一族ニ与フルノ時〔特〕権アルコトナシ

49 凡ソ日本国ニ在居スル人民ハ内外国人ヲ論セス其身体生命財産名誉ヲ保固ス

50 法律ノ条規ハ其効ヲ既往ニ及ホスコトアル可ラス

51 凡ソ日本国民ハ法律ヲ遵守スルニ於テハ万事ニ就キ予メ検閲ヲ受クルコトナク自由ニ其思想意見論説図絵ヲ著述シ之ヲ出板頒行シ或ハ公衆ニ対シ講談討論演説シ以テ之ヲ公ニスルコトヲ得ヘシ

但シ其弊害ヲ抑制スルニ須要ナル処分ヲ定メタルノ法律ニ対シテハ其責罰ヲ受任ス可シ

52　凡ソ思想自由〔ノ〕権ヲ受用スルニ因リ犯ス所ノ罪アルトキハ法律ニ定メタル時機幷ニ程式ニ循拠シテ其責ヲ受ク可シ著刻犯ノ軽重ヲ定ムルハ法律ニ定メタル特例ヲ除クノ外ハ陪審官之ヲ行フ

53　凡ソ日本国民ハ法律ニ拠ルノ外ニ或ハ彊〔彊〕テ之ヲ為サシメ〔ラレ〕或ハ彊テ之ヲ止メシメラル、等ノコトアル可ラス

54　凡ソ日本国民ハ集会ノ性質或数人連署或ハ一個人ノ資格ヲ以テスルモ法律ニ定メタル程式ニ循拠シ皇帝国会及何レノ衙門ニ向テモ直接ニ奏呈請願又上書建白スルヲ得ルノ権ヲ有ス

但シ該件ニ因テ牢獄ニ囚附セラレ或ハ刑罰ニ処セラル、コトアル可ラス若シ政府ノ処置ニ関シ又国民相互ノ事ニ関シ其他何ニテモ自己ノ意ニ無理ト思考スルコトアレハ皇帝国会何レノ衙門ニ向テモ上書建白請願スルコトヲ得可シ

55　凡ソ〔日〕本国民ハ華士族平民ヲ論〔セ〕ス其才徳器能ニ応シ国家ノ文武官僚ニ拝就スル同等ノ権利ヲ有ス

56　凡ソ日本国民ハ何宗教タルヲ論セス之ヲ信仰スルハ各人ノ自由ニ任ス然レトモ政府ハ何時ニテモ国安ヲ保シ及各宗派ノ間ニ平和ヲ保存スルニ応当ナル処分ヲ〔為〕スコトヲ得

但シ国家ノ法律中ニ宗旨ノ性質ヲ負ハシムルモノハ国憲ニアラサル者トス

57　凡ソ何レノ労作工業農耕ト雖トモ行儀風俗ニ戻リ国民ノ安寧若クハ健康ヲ傷害スルニ非レハ之ヲ禁制スルコトナシ

58　凡ソ日本国民ハ結社集会ノ目的若クハ其会社ノ使用スル方法ニ於テ国禁ヲ犯シ若クハ国難ヲ醸スヘキノ状ナク又戎器ヲ携フルニ非スシテ平穏ニ結社集会スルノ権ヲ有ス

但シ法律ハ結社集会ノ弊害ヲ抑制スルニ須要ナル処分ヲ定ム

59　凡ソ日本国民ノ信書ノ秘密ヲ侵スコトヲ得ス其信書ヲ勾収スルハ現在ノ法律ニ依リ法ニ適シタル拿捕又ハ探索ノ場合ヲ除クノ外戦時若クハ法〔衙〕ノ断案ニ拠ニ非レバ之〔ヲ〕行フコトヲ得ス

60　凡ソ日本国民ハ法律ニ定メタル時機ニ際シ法律ニ定示セル規程ニ循拠スルニ非レハ之ヲ拘引招喚囚捕禁獄或ハ強テ其住屋戸〔鎖〕ヲ打開スルコトヲ得ス

61　凡ソ日本国民各自ノ住居ハ全国中何〔方〕ニテモ其人ノ自由ナル可シ而シテ他ヨリ之ヲ侵ス可ラス若シ家主ノ承允ナク或ハ家内ヨリ招キ呼フコトナク又火災水災等ヲ防禦スル為ニ非スシテ夜間人家ニ侵シ入ルコトヲ得ス

62　凡ソ日本国民ハ財産所有ノ権ヲ保〔固〕ニス如何ナル場合ト雖トモ財産ヲ没収セラル、コトナシ公規ニ依リ其公益タルヲ証スルモ仍ホ時ニ応シスル至当ナル前価ノ賠償ヲ得ルノ後ニ非レハ之レカ財産ヲ買上ラル、コト〔ナ〕カル可シ

63　凡ソ日本国民ハ国会ニ於テ決定シ国帝ノ許可ア〔ルニ〕非レ〔ハ〕決シテ租税ヲ賦課セラル、コトナカル可シ

64　凡ソ日本国民ハ当該ノ裁判官若クハ裁判所ニ非レハ縦令既定ノ刑法ニ依リ又其法律ニ依〔テ〕定ムル所ノ規程ニ循フモ之ヲ糺治裁審スルコトヲ得ス

65　法律ノ正条ニ明示セル所ニ非レハ甲乙ノ別ヲ論セス拘引逮捕糺弾処刑ヲ被ルコトナシ且ツ一タヒ処断ヲ得タル事件ニ付再次ノ糺弾ヲ受ク可ラス

66　凡ソ日本国民ハ法律ニ掲クル場合ヲ除クノ外之ヲ拿捕スルコトヲ得ス又拿捕スル場合ニ於テハ裁判官自ラ署名シタル文書ヲ以テ其理由ト劾告者ト証人ノ名ヲ被告者ニ告知ス可シ

67　総テ拿捕シタル者ハ二十四時間内ニ裁判官ノ前ニ出スコトヲ要ス拿捕シタル者ヲ直ニ放還スルコト能ハサルトキニ於テハ裁判官ヨリ其理由ヲ明記シタ〔ル〕宣告状ヲ以テ該犯ヲ禁錮ス可シ右ノ宣告ハ力〔メテ〕所能的迅速ヲ要シ遅クモ三日間内ニ之ヲ〔行〕フ可シ

但シ裁判官ノ居住ト相鄰接スル府邑村落ノ地ニ於テ拿捕スルトキハ其時ヨリ二十四時間内ニ之ヲ告知ス可シ若シ裁判官ノ居住ヨリ遠隔スル地ニ於テ拿捕スルトキ〔ハ〕其距離遠近ニ準シ法律ニ定メ

タル当応ノ期限内ニ之ヲ告知ス可シ

68　右ノ宣告状ヲ受ケタル者ノ求ニ因リ裁判官ノ宣告シタル事件ヲ遅滞ナク控訴シ又上告スルコトヲ得ヘシ

69　一般犯罪ノ場合ニ於テ法律ニ定ムル所ノ保釈ヲ受クルノ権ヲ有ス

70　〔何〕人モ正当ノ裁判官ヨリ阻隔（そかく）セラ〔ル〕、コトナシ是故ニ臨時裁判所ヲ設立スルコトヲ得可ラス

71　国事犯ノ為ニ死刑ヲ宣告サル、コトナカル可シ

72　凡〔ソ〕法ニ違フ〔テ〕命令シ又放免ヲ怠〔リ〕タル拿捕ハ政府ヨリ其損害ヲ被リタル者ニ〔償〕金ヲ払フ可シ

73　凡ソ日本国民ハ何人ニ論ナク法式ノ徴募ニ膺（あた）リ兵器ヲ擁シテ海陸ノ軍伍ニ入リ日本国ノ為ニ防護ス可シ

74　又其所有財産ニ比率〔シ〕テ国家ノ負任〔公費租税〕ヲ助クルノ責ヲ免ル可ラス皇族ト雖トモ税ヲ除免セラル、コトヲ得可ラス

75　国債公債ハ一般ノ国民タル者其負担ノ責ヲ免ル可ラス

76　子弟ノ教育ニ於テ其学科及教授ハ自由ナル者トス然レトモ子弟小学ノ教育ハ父兄タル者ノ免ル可ラサル責任トス

77　府県令ハ特別ノ国法ヲ以テ其綱領ヲ制定セラル可シ府県ノ自治ハ各地ノ風俗習例ニ因ル者ナルカ故ニ必ラス之ニ干渉妨害ス可ラス其権域ハ国会ト雖トモ之ヲ〔侵〕ス可ラサル者トス

第三篇　立法権

第一章　民撰議院

78　民撰議院ハ撰挙会法〔律ニ〕依リ定メタル規程ニ循ヒ撰挙ニ於テ直接投籤法ヲ以テ単撰シタル代民議院ヲ以テ成ル

但シ人口二十万人ニ付一員ヲ出ス可シ

79　代民議員ノ任〔期〕三ケ年トシ二ケ年毎ニ其半数ヲ改撰ス可シ

但シ〔幾〕任期モ重撰セラル、コトヲ得

80　日本国民ニシテ俗籍ニ入リ（神官僧侶教導職耶蘇宣教師ニ非ル者ニシテ）政権民権ヲ享有スル満三十歳以上ノ男子ニシテ定額ノ財産ヲ所有シ私有地ヨリ生スル歳入アルコトヲ証明シ撰挙法ニ定メタ〔ル〕金額ノ直税ヲ納(い)ル、文武ノ常職ヲ帯ヒサ〔タ〕ル者ハ撰挙法ニ遵ヒテ議員ニ撰挙セラル、ヲ得

81　凡ソ此ニ掲ケタル分限ト要款トヲ備具スル日本国民ハ被撰挙人ノ半数ハ其区内ニ限リ其他ノ半数ハ何レノ県ノ区ニモ通シテ撰任セラル、コト〔ヲ〕得

但シ元老院ノ議官ヲ兼任スルコト〔ヲ〕得ス

82　代民議員ハ（撰挙セラレタル地方ノ総代ニ非ス）日本全国民ノ総代人ナリ故ニ撰挙人ノ教令ヲ受クルヲ要セス

83　婦女未丁年者治産ノ禁ヲ受ケタ〔ル〕者白痴瘋(ふう)癲(てん)ノ者住居ナクシテ人ノ奴僕雇傭タル者政府ノ助成金ヲ受クル者及常事犯罪〔ヲ〕以テ徒刑一ケ年以上実決ノ刑ニ処セラレタル者又稟告サレタル失踪人ハ代民議員ノ撰挙人タルコトヲ得ス

84　民撰議院ハ日本帝国〔ノ〕財政（租税　国債）ニ関スル方案ヲ起草スルノ特権ヲ有ス

85　民撰議院ハ往時ノ施政上ノ検査及施政上ノ弊害ノ改正ヲ為スノ権ヲ有ス

86　民撰議院ハ行政官ヨリ出セル起議ヲ討論シ又国帝ノ起議ヲ改竄(かいざん)スルノ権ヲ有ス

87　民撰議院ハ緊要ナル調査ニ関シ官吏並ニ人民ヲ召喚スルノ権ヲ有ス

88　民撰議院ハ政事上〔ノ〕非違アリト認メタル官吏（執政官　参議官）ヲ上院ニ提喚弾劾スル特権ヲ有ス

89　民撰議院ハ議員ノ身上ニ関シ左ノ事項ヲ処断スルノ権ヲ有ス

一　議員民撰議院ノ命令規則若クハ特権ニ違背ス〔ル〕者

二　議員撰挙ニ関スル訴訟

90　民撰議院ハ其正副議長ヲ議員中ヨリ撰挙シテ

国帝ノ制可ヲ請フ可シ

91　民撰議院ノ議員ハ院中ニ於テ為シタル討論演説ノ為ニ裁判ニ訴告ヲ受クルコトナシ

92　代民議員ハ会期中及会期前後二十日間民事訴訟ヲ受クルコトアルモ答弁スルヲ要セス

但シ民撰議院ノ承認ヲ得ルトキハ此限ニアラス

93　民撰議院ノ代民議員ハ現行犯罪ニ非レハ下院ノ前許承認ヲ得スシテ会期中及会期ノ前後二十日間拘致囚捕審判セラル丶コトナシ

但シ現行犯罪ノ場合ニ於テモ拘致囚捕或ハ会期ヲ閉ツルノ後糺治又囚捕スルニ於テモ即時至急ニ裁判所ヨリ代民議員ヲ拿捕セシコトヲ民撰議院ニ通知シ該院ヲシテ〔其〕件ヲ照査シテ之ヲ処分セシム可シ

94　民撰議院ハ請求シテ会期中及会期ノ前後廿日間議員ノ治罪拘引ヲ停止セシムルノ権ヲ有ス

95　民撰議院ノ議長ハ〔院中〕ノ官員（書記等　其他）ヲ任免スルノ権アリ

96　代民議員ハ会期ノ間旧議員任期ノ最終会議ニ定メタル金給ヲ受ク可シ又特別ノ決議ヲ以テ往返ノ旅費ヲ受ク可シ

第二章　元老議院

97　元老院ハ国帝ノ特権ヲ以テ命スル所ノ議官四十〔名〕ヲ以テ成ル

但シ民撰議院ノ議員ヲ兼任スルヲ得ス

98　満三十五歳以上ニシテ左ノ部ニ列スル性格ヲ具フル日本人ニ限リ元老院ノ議官タルコトヲ得ベシ

一　民撰議院ノ議長

二　民撰議院ニ撰ハレタルコト三回ニ及ヘル者

三　執政官諸省卿

四　参議官

五　三等官以上ニ任セラレシ者

六　日本国ノ皇族華族

七　海陸軍ノ大中少将

八　特命全権大使及公使

九　大審院上等裁判所ノ議長及裁判〔官〕又其大

検事

十　地方長官

十一　勲功アル者及材徳輿望アル者

99　元老院ノ議官ハ国帝ノ特命ニ因リテ議員中ヨリ之ヲ任ス

100　元老院ノ議官ハ終身在職スル者トス

101　元老院ノ議官ハ一ケ年三万円ニ過キサル一身ノ俸給ヲ得ベシ

102　皇子及太子ノ男子ハ満二十五歳ニ至リ文武ノ常職ヲ帯ヒサ〔タ〕ル者ハ元老院ノ議官ニ任スル〔コト〕ヲ得

103　諸租税ノ賦課ヲ許諾スルコトハ先ツ民撰議院ニ於テ之ヲ取扱ヒ元老院ハ唯其事アル毎ニ民撰議院ノ議決案ヲ覆議シテ之ヲ決定スルカ若クハ拋棄(ほうき)スルカノ外ニ出テス決シテ之ヲ変改スルコトヲ得可ラス

104　元老院ノ編制及権利ニ関スル法律ハ先ツ之ヲ元老院ニ持出サヾルヲ得ス民撰議院ハ唯之ヲ採用スルカ棄擲スルニ過キス決シテ之ヲ刪添(さんてん)ス可ラス

105　元老院ハ立法権ヲ受用〔ス〕ルノ外左ノ三件ヲ掌(つかさ)ト〔ル〕

一　民撰議院ヨリ提出劾告セラレタル執政大臣諸官吏ノ行政上ノ不当ノ事ヲ審糺裁判ス其劾告手続ハ法律別ニ之ヲ定ム

二　国帝ノ身体若クハ権威ニ対シ又ハ国安ニ対スル重罪犯ヲ法律ニ定〔メ〕タル所ニ循ヒ裁判ス

三　法律ニ定メタル時機ニ際シ及ヒ其定メタル規程ニ循ヒ元老院議官ヲ裁判ス

106　元老院議官ハ其現行犯罪ニ由リテ拘捕セラル、時又ハ元老院ノ集会セサルトキノ外予メ元老院ノ決定承認ヲ経スシテ之ヲ糺治シ又ハ拘致囚捕セラル、コトナシ

107　何レノ場合タルヲ論セス議官ヲ糺治シ若クハ囚捕スル時ハ至急ニ之ヲ元老院ニ報知シ以テ該院権限ノ処ヲ為サシム

第三章　国会ノ職権

108　国家永続ノ秩序ヲ確定国家ノ憲法ヲ議定シ之ヲ添刪(てんさん)更改シ千載不抜ノ三大制度ヲ興廃スル事ヲ司ル

109　国会ハ国帝及立法権ヲ有スル元老院民撰議院ヲ以テ成ル

110　国会ハ総テ公行シ公衆ノ傍聴ヲ許ス

但シ国益ノタメ或ハ特異ノ時機ニ際シ秘密会議ヲ開クコトヲ要スヘキニ於テハ議員十人以上ノ求ニ因テ各院ノ議長傍聴ヲ禁止スルヲ得

111　国会ハ総テ日本国民ヲ代理スル者ニシテ国帝ノ制可ヲ須(ま)ツノ外総テ法律ヲ起草シ之ヲ制定スルノ立法権ヲ有ス

112　国会ハ政府ニ於テ若シ憲法或ハ宗教或ハ道徳或ハ信教自由或ハ各人ノ自由或ハ法律上ニ於テ諸民平等ノ遵奉財産所有権或ハ原則ニ違背シ或ハ邦国ノ防禦ヲ傷害スルカ如キコトアレハ勉メテ之レカ反対説ヲ主張シ之カ根元ニ遡リ其公布ヲ拒絶スルノ権ヲ有ス

113　国会ノ一部ニ於テ否拒シタル法案ハ同時ノ集会ニ於テ再ヒ提出スルヲ得ス

114　国会ハ公法及私法ヲ整定ス可シ即チ国家至要ノ建国制度及根原法一般ノ私法及民事訴訟法海上法礦坑法山林法刑法〔治罪〕法庶租税ノ徴収及国財ヲ料理スルノ原則ヲ〔議〕定シ兵役ノ義務ニ関スル原則国財ノ歳出入予算表ヲ規定ス

115　国会ハ租税賦課ノ認許権又工部ニ関シテ取立タル金額使用方ヲ決シ又国債ヲ募リ国家ノ信任（紙幣公債証書発行）ヲ使用スルノ認許権ヲ有ス

116　国会ハ行政全局（法律規則ニ違背セシカ処置其宜キヲ得サルヤ）ヲ監督スルノ権ヲ有ス

117　国会議スル所ノ法案ハ其討議ノ際ニ於テ国帝之ヲ中止シ若クハ禁止スルコトヲ得ス

118　国会（両院）共ニ規則ヲ設ケ其院事ヲ処置スルノ権ヲ有ス

119　国会ハ其議決ニ依リテ〔憲〕法ノ欠典ヲ補充スルノ権総テ憲法ニ違背ノ所業ハ之ヲ矯正スルノ権新法律及憲法変吏[更]ノ発議ノ権ヲ有ス

120　国会ハ全国民ノ為ニ法律ノ主旨ヲ釈明ス可シ

121　国会ハ国帝太子摂政官若クハ摂政ヲシテ国憲及法律〔ヲ遵守ス〕ルノ宣誓詞ヲ宣ヘシム

122　国会ハ国憲ニ掲ケタル時機ニ於テ摂政ヲ撰挙シ其権域ヲ〔指〕定シ未成年ナル国帝ノ太保ヲ任命ス

123　国会ハ民撰議院ヨリ論劾セラレテ元老院ノ裁判ヲ受ケタル執政ノ責罰ヲ実行ス

124　国会ハ内外ノ国債ヲ募リ起シ国土ノ領地ヲ典売シ或ハ疆域（きょういき）ヲ変更シ府県ヲ発立分合シ其他ノ行政区画ヲ決定スルノ権ヲ有ス

125　国会ハ国家総歳入出ヲ計算シタル〔予算表〕ヲ検視ノ上同意ノ時ハ之ヲ認許ス

126　国会ハ国事ノ為メニ緊要ナル時機〔ニ〕際シ政府ノ請ニ応〔シ〕議員ニ該特務ヲ許認指定ス

127　国会ハ国帝殂（そ）スルトキハ若クハ帝位ヲ空フスルトキ既往ノ施政ヲ検査シ及施政上ノ弊害ヲ改正ス

128　国会ハ帝国若クハ港内ニ外〔国〕海陸軍兵ノ進入ヲ允否ス

129　国会ハ毎歳政府ノ起議〔ニ〕因リ平時若クハ臨時海陸軍兵ヲ限定ス

130　国会ハ内外国債ヲ還償ス〔ル〕ニ適宜ナル方法ヲ議定ス

131　国会ハ帝国ニ法律ヲ施行スルタメニ必要ナル行政ノ規則ト行政ノ設立及其不全備ヲ補フ法ヲ決定ス

132　国会ハ政府官僚及其奉〔俸〕給ヲ改正設定シ若クハ之ヲ廃止ス

133　国会ハ貨弊〔幣〕ノ斤量価格〔格〕銘誌摸〔模〕画名称及度量衡ノ原位ヲ定ム

134　国会ハ外国トノ条約ヲ議定ス

135　国会ハ兵役義務執行ノ方法及其規則ト期限トニ関スル事就中毎歳召募ス可キ徴兵員数ノ定〔数及〕予備馬匹ノ賦課兵士ノ糧食屯営ノ総則ニ関スル事ヲ議定ス

136　政府ノ歳計予算表ノ規則及〔諸〕租税賦課ノ毎歳決議政府ノ決算表幷ニ会計管理成跡ノ検査新公

債証巻〔券〕ノ発出政府旧債ノ〔変更官〕地ノ売易貸与専売幷特権ノ法律総テ全国ニ通スル会計諸般ノ事務ヲ決定ス

137　金銀銅貨及銀行証巻〔券〕ノ発出ニ関スル事務ノ規則税関貿易電線駅逓鉄道航運ノ事其他全国通運ノ方法ヲ〔議〕定ス

138　証巻〔券〕ノ銀行工業ノ特準度量衡製造ノ摸〔模〕型記印ノ保護ノ法律ヲ決定ス

139　医薬ノ法律及伝染病家蓄〔畜〕疫疾防護ノ法律ヲ定ム

第四章　国会ノ開閉

140　国会ハ両議院共ニ必ス〔勅命ヲ〕以テ毎歳同時ニ之ヲ開クヘシ

141　国帝ハ国安ノ為ニ須要〔ト〕スル時機ニ於テハ両議院ノ議決ヲ不認可シ其議会ヲ中止シ紛議ス〔ルニ当〕リテハ其議員ニ解散ヲ命スルノ権ヲ有ス然レトモ此場合ニ当リテハ必ラス四十日内ニ新議〔員〕ヲ撰挙セシメ二ケ月間内ニ之ヲ召集シテ再開ス可シ

142　国帝崩シテ国会ノ召集期ニ至ルモ尚ホ之ヲ召集スル者無キ〔時〕ハ国会自ラ参集シテ開会スルコトヲ得

143　国会ハ国帝ノ崩御ニ遭フモ嗣帝ヨリ解散ノ命アル迄（まで）ハ解散セス定期ノ会議ヲ続クルコトヲ得

144　国会ノ閉期ニ当リテ次期ノ国会未タ開カサルノ間ニ国帝崩御スルコトアルトキハ議員自ラ参集シテ国会ヲ開クコトヲ得若シ嗣帝ヨリ解散ノ命アルニ非レバ定期ノ会議ヲ続クルコトヲ得

145　議員ノ撰挙既ニ畢（おわ）リ未タ国会ヲ開カサルノ間ニ於テ国帝ノ崩御ニ遭フテ尚ホ之ヲ開ク者ナキトキハ其議員自ラ参集シテ之ヲ開クコトヲ得若シ嗣帝ヨリ解散ノ命アルニ非レバ定期ノ会議ヲ続クルコトヲ得

146　国会ノ議員〔其〕年〔限〕既ニ尽キテ次期ノ議員未タ撰挙セラレサル間ニ国帝崩御スルトキハ前期ノ議員集会シテ一期ノ会ヲ開クコトヲ得

147　各議院ノ集会ハ同時ニ〔ス〕可〔シ〕若シ〔其〕一

院集会シテ他ノ一院集会セサルトキハ国会ノ権利ヲ有セス

但シ糺弾裁判ノ為〔ニ元老〕院ヲ開クハ其法庭ノ資格タルヲ以テ此限ニアラス

148 各議院議員ノ出席過半数ニ至ラサレハ会議ヲ開クコトヲ得ス

第五章 国憲ノ改正

149 国ノ憲法ヲ改正スルハ〔特別〕会議ニ於テス可シ

150 両議院ノ議員三分ノ二ノ議決ヲ経テ国帝之ヲ允可スルニ非レバ特別会ヲ召集スルコトヲ得ス

〔特〕別〔会〕議員ノ召集及撰挙ノ方法ハ都(すべ)テ国会ニ同シ

151 特別会ヲ召集スルトキハ民撰議院ハ散会スル者トス

152 特別会ハ元老院ノ議員及国憲改正ノ為ニ特ニ撰挙セラレタル人民ノ代民議員ヨリ成ル

153 特別ニ撰挙セラレタル代民議員三分ノ二以上及元老院議員三分二以上ノ議決ヲ経テ国帝之ヲ允可スルニ非レバ憲法ヲ改正スルコトヲ得ス

154 其特ニ召集ヲ要スル事務畢ルトキハ特別会自ラ解散スル者トス

155 特別会解散スルトキハ前ニ召集セラレタル国会ハ其定期ノ職務ニ復ス可シ

156 憲法ニアラザル総テノ法律ハ両議院出席ノ議員過半数ヲ以テ之ヲ決定ス

第四篇

第一章 行政権

157 国帝ハ行政官ヲ総督ス

158 行政官ハ太政大臣各省長官ヲ以テ成ル

159 行政官ハ合シテ内閣ヲ成〔シ以テ〕政務ヲ議シ分レテ諸省長官ト為リ以テ当該ノ事務ヲ理ス

160 諸般ノ布告ハ太政大臣ノ名ヲ署シ当該ノ諸省長官之ニ副署ス

161 太政大臣ハ大蔵卿ヲ兼任ス可シ

162 太政大臣ハ国帝ニ奏シ内務以下諸省ノ長官ヲ

任免スルノ権アリ

163　諸省長官ノ序次左ノ如シ
大蔵卿　内務卿　外務卿　司法卿　陸軍卿　海軍卿　工部卿　宮〔内〕卿　開拓卿　教部卿　文部卿　農商務卿

164　行政官ハ国帝ノ欽命ヲ奉シテ政務ヲ執行スル者トス

165　行政官ハ執行スル所ノ政務ニ関シ議院ニ対シテ其責ニ任スル者トス若シ其政務ニ就キ議院ノ信ヲ失スル時ハ其職ヲ辞ス可シ

166　行政官ハ諸般ノ法案ヲ草シ議院〔ニ提〕出スルヲ得

167　行政官ハ両議院ノ議員ヲ兼任スルヲ得

168　行政官ハ毎歳国費ニ関スル議案ヲ草シ之ヲ議院ノ議ニ付ス可シ

169　行政官ハ毎歳国費決算〔書〕ヲ製シ之ヲ議院ニ報告ス〔可〕シ

第五篇

第一章　司法権

170　司法権ハ国帝之ヲ〔摠括〕ス

171　司法権ハ不羈(ふき)独立ニシテ法典ニ定ムル時機ニ際シ及ヒ之ヲ定ムル規程ニ循ヒ民事並ニ刑事〔ヲ審理〕スルノ裁判官判事及陪審官之ヲ執行ス

172　大審院上等裁判下等裁判所等ヲ置ク

173　民法商法刑法訴訟法治罪法山林法及司法官ノ搆〔構〕成ハ全国ニ於テ同均トス

174　上等裁判所下等裁判所ノ数並ニ其〔種〕類各裁判所ノ搆〔構〕成権任其権任ヲ執行スヘキ方法及裁判官ニ属ス可キ権理等ハ法律之ヲ定ム

175　私有権及〔該〕権ヨリ生シタル権理負債其他凡ソ民権ニ管スル訴訟ヲ審理スルハ特ニ司法権ニ属ス

176　裁判所ハ上等下等ニ論ナク廃改スルコトヲ得ス又其搆〔構〕制ハ法律ニ由ルニ非レハ変更ス可ラス

177　凡ソ裁判官ハ国帝ヨリ任シ其判事ハ終身其職

ニ任ジ陪審官ハ訴件事実ヲ決判シ裁判官ハ法律ヲ準擬シ諸裁判ハ所長ノ名ヲ以テ之ヲ決行宣告ス

178　郡裁判所ヲ除クノ外ハ国帝ノ任シタル裁判官ノ三年間〔在〕職シタル者ハ法律ニ定メタル場合ノ外ハ復之ヲ転黜スルコトヲ〔得〕ス

179　凡ソ裁判官法律ニ違犯〔スルコト〕アルトキハ各自其責ニ任ス

180　凡ソ裁判官ハ自ラ決行〔セ〕ラルベキ罪犯ノ審判アルトキヲ以テスルノ外有期若クハ無期ノ時間其職ヲ褫ハルヽコトナシ又司法官ノ決裁（裁判所議長若クハ上等裁判所ノ決裁等ヲ云フ）ヲ以テセラルヽカ又ハ充分ノ緒由アリテ国帝ノ令ヲ下シ且ツ憑拠ヲ帯ヒテ罪状アル裁判官ヲ当該ノ裁判所ニ訴告スル時ノ外ハ裁判官ノ職ヲ停止スルコトヲ得ス

181　軍事裁判及護卿〔郷〕兵裁判亦法律ヲ以テ之ヲ定ム

182　租税ニ関スル争訟及違令ノ裁判モ同ク法律ヲ以テ之ヲ定ム

183　法律ニ定メタル場合ヲ除クノ外審判ヲ行フカタメニ例外非常ノ法衙ヲ設クルコトヲ得ス如何ナ〔ル〕場合タリトモ臨時若クハ特別ノ裁判所ヲ開キ臨時若クハ特別ノ糺問掛リヲ組立裁判官ヲ命シテ聴訟断罪ノコトヲ行ハシム可ラス

184　現行犯罪ヲ除クノ外ハ当該部署官ヨリ発出シタル〔命令〕書ニ依ルニ非ズシテ拿捕スル〔コト〕ヲ得ス若シ縦マヽニ拿捕スルコトアレハ之ヲ命令シタル裁判官及之〔ヲ〕請求シタル者ヲ法律ニ掲クル所ノ刑ニ処ス可シ

185　罰金及禁錮ノ刑ニ問フヘキ罪犯〔ハ勾〕留スルコトヲ得ス

186　裁判官ハ管轄内ノ訟獄ヲ聴断セスシテ之〔ヲ〕他ノ裁判所ニ移スコトヲ得ス是故ヲ以テ特別ナル裁判所及専務ノ員ヲ設クルコトヲ得ス

187　何人モ其志意ニ悖ヒ法律ヲ以テ定メタル正当判司裁判官ヨリ阻隔セラルヽコトナシ是故ヲ以テ臨時裁判所ヲ設立スルコトヲ得可ラス

188　民事刑事〔ニ〕於テ法律ヲ施行スルノ権ハ特ニ

上下等裁判所ニ属ス然レトモ上下等裁判所ハ審判及審判ノ決行ヲ看守スルノ外他ノ職掌ヲ行フコトヲ得ス

189　刑事ニ於テハ証人ヲ推問シ其他凡テ劾告ノ後ニ係ル訴訟手続ノ件ハ公行ス可シ

190　法律ハ行政権ト司法権トノ間ニ生スルコトヲ得ヘキ〔権〕限抵〔触〕ノ裁判ヲ規定ス

191　司法権ハ法律ニ定ムル特例ヲ除キ亦政権ニ管スル争訟ヲ審理ス

192　民事刑事トナ〔ク〕裁判所ノ訟庭ハ（法律ニ由テ定メタル場合ヲ除クノ外ハ）法律ニ於テ定ムル所ノ規程ニ循ヒ必ス之ヲ公行ス可シ

但シ国安及風紀ニ関スルニ因リ法律ヲ以テ定メタル特例ハ此限ニ非ラス

193　凡ソ裁判ハ其理由ヲ説明シ訟庭ヲ開テ之ヲ宣告ス可シ刑事ノ裁判ハ其処断ノ拠憑（きょひょう）スル法律ノ条目ヲ掲録ス可シ

194　国事犯ノ為ニ死刑ヲ宣告ス可ラス又其罪ノ事実ハ陪審官之ヲ定ム可シ

195　凡ソ著述出板ノ犯罪ノ軽重ヲ定ムルハ法律ニ定メタル特例ノ外ハ陪審官之ヲ行フ

196　凡ソ法律ヲ以テ定メタル重罪ハ陪審官其罪ヲ決ス

197　法律ニ定メタル場合ヲ除クノ外ハ何人ヲ論セス拿捕〔ノ〕理由ヲ掲示スル判司ノ命令ニ由ルニ非レバ囚捕ス可ラス

198　法律ハ判司ノ命令ノ規式及罪人ノ糺弾ニ従事スヘキ期限ヲ定ム

199　何人ヲ論セス法律ニ由テ其職任アリト定メタル権ヲ以テシ及法律ニ指定シタル規程ニ於テスルノ外ハ家主ノ意志ニ違ヒテ家屋ニ侵入スルコトヲ得ス

200　何如〔如何〕ナル罪科アリトモ犯罪者ノ財産ヲ没収ス可ラス

201　駅郵若クハ其他送運ヲ掌ル局舎ニ託スル信書ノ秘密ハ法律ニ由リ定メタル場合ニ於テ判司ヨリ特殊ノ免許アルトキヲ除クノ外ハ必ズ之ヲ侵ス可ラス

202　保塞（ほさい）ノ建営土堤ノ築作脩補（しゅうほ）ノタメニシ及ヒ伝染病其他緊急ノ情景ニ際シ前文ニ掲クル公布ヲ必需トセサルヘキ時ハ一般ノ法律ヲ以テ之ヲ定ム

203　法律ハ予メ公益ノ故〔ヲ以〕テ〔没〕収ヲ要〔スルコト〕ヲ公布ス可シ

204　公益ノ公布及没収ノ前給ハ戦時火災溢水ニ際シ即時ニ没収スルコトヲ緊要トスルトキハ之ヲ要求スルコトヲ得ス然レトモ決シテ没収ヲ被リタル者ハ没収ノ償価ヲ請求スルノ権ヲ損害セス

＊〔　〕内は判読困難による推定の語句。［　］内は新井による補足・修正。便宜上、条文番号をアラビア数字で付し、適宜ルビを付した。

新井勝紘

1944年 東京都に生まれる
1963年 東京都立国立高校卒業，1969年東京経済大学経済学部卒業，東京都町田市史編さん室，町田市立自由民権資料館主査，国立歴史民俗博物館助教授などを経て，専修大学文学部教授
現在一認定NPO法人・高麗博物館館長
成田空港 空と大地の歴史館・名誉館長
専攻一日本近代史，自由民権運動史
著書一『民衆憲法の創造』(共著，評論社)
『戦いと民衆』(共編，東洋書林)
『近代移行期の民衆像』(編著，青木書店)
『自由民権と近代社会』(編著，吉川弘文館)

五日市憲法 岩波新書(新赤版)1716

2018年4月20日 第1刷発行
2021年5月14日 第4刷発行

著 者 新井勝紘（あらい かつひろ）

発行者 岡本 厚

発行所 株式会社 岩波書店
〒101-8002 東京都千代田区一ツ橋2-5-5
案内 03-5210-4000 営業部 03-5210-4111
https://www.iwanami.co.jp/

新書編集部 03-5210-4054
https://www.iwanami.co.jp/sin/

印刷・理想社 カバー・半七印刷 製本・中永製本

ISBN 978-4-00-431716-6 Printed in Japan

岩波新書新赤版一〇〇〇点に際して

ひとつの時代が終わったと言われて久しい。だが、その先にいかなる時代を展望するのか、私たちはその輪郭すら描きえていない。二〇世紀から持ち越した課題の多くは、未だ解決の緒を見つけることのできないままであり、二一世紀が新たに招きよせた問題も少なくない。グローバル資本主義の浸透、憎悪の連鎖、暴力の応酬——世界は混沌として深い不安の只中にある。

現代社会においては変化が常態となり、速さと新しさに絶対的な価値が与えられた。消費社会の深化と情報技術の革命は、種々の境界を無くし、人々の生活やコミュニケーションの様式を根底から変容させてきた。ライフスタイルは多様化し、一面では個人の生き方をそれぞれが選びとる時代が始まっている。同時に、新たな格差が生まれ、様々な次元での亀裂や分断が深まっている。社会や歴史に対する意識が揺らぎ、普遍的な理念に対する根本的な懐疑や、現実を変えることへの無力感がひそかに根を張りつつある。そして生きることに誰もが困難を覚える時代が到来している。

しかし、日常生活のそれぞれの場で、自由と民主主義を獲得し実践することを通じて、私たち自身がそうした閉塞を乗り超え、希望の時代の幕開けを告げてゆくことは不可能ではあるまい。そのために、いま求められていること——それは、個と個の間で開かれた対話を積み重ねながら、人間らしく生きることの条件について一人ひとりが粘り強く思考することではないか。その営みの糧となるものが、教養に外ならないと私たちは考える。歴史とは何か、よく生きるとはいかなることか、世界そして人間はどこへ向かうべきなのか——こうした根源的な問いとの格闘が、文化と知の厚みを作り出し、個人と社会を支える基盤としての教養となった。まさにそのような教養への道案内こそ、岩波新書が創刊以来、追求してきたことである。

岩波新書は、日中戦争下の一九三八年一一月に赤版として創刊された。創刊の辞は、道義の精神に則らない日本の行動を憂慮し、批判的精神と良心的行動の欠如を戒めつつ、現代人の現代的教養を刊行の目的とする、と謳っている。以後、青版、黄版、新赤版と装いを改めながら、合計二五〇〇点余りを世に問うてきた。そして、いままた新赤版が一〇〇〇点を迎えたのを機に、人間の理性と良心への信頼を再確認し、それに裏打ちされた文化を培っていく決意を込めて、新しい装丁のもとに再出発したいと思う。一冊一冊から吹き出す新風が一人でも多くの読者の許に届くこと、そして希望ある時代への想像力を豊かにかき立てることを切に願う。

（二〇〇六年四月）